地理中国

地 理 系 列 丛 书

太行山之路

范 晓 著

中国林业出版社

图·图阅社

南太行的长崖地貌，太行山景观的精华所在。下部的红色嶂石岩长崖刚正平直，棱线分明；上部的灰色石灰岩长崖虽然不那么齐整，但也是巉岩嶙峋，关山难越。重崖叠嶂的壮丽景色，生动地勾画出了太行山与华北平原之间这个巨大的地形阶梯和陡坎。

在南太行红色嶂石岩长崖的夹峙之下，太行山的河流东下华北平原，走出了曲折婉转的峡谷路径，由于众多水库的拦截，许多河段显得水静流平，波澜不兴，但它依然蕴涵着穿山破石的力量。

晋E 00627

太行山的挂壁公路最能体现太行人性格和太行人精神，这是锡崖沟挂壁公路的一段，它开凿于南太行山体上部的灰色石灰岩长崖中。看似无法逾越的绝壁，却并未让人绝望，硬是在崖壁中开凿出了攀山的隧洞，隧洞一侧的窗洞，在崖壁上显现出了挂壁公路曲折的轨迹，参差不平的洞壁，留存了开路人的粗犷、艰辛与勇气。

南太行山体下部的红色嶂石岩长崖，常常有平坦宽阔的崖顶平台，是村落与耕地的集中之处，由于它前临绝壁，后倚悬崖，历史上成为了躲避战乱灾祸的世外桃源，勤恳淳朴的民风延续至今，深山里的村民用自己的劳作描绘出五彩的生活画图。

序

我第一次走进太行山，是在 2002 年 8 月，去河南省修武县境内的云台山国家地质公园考察。云台山位于南太行，地处河南与山西接壤处，那时我对太行山的了解还很肤浅，看了云台大瀑布，去了红石峡、青龙峡，那样深邃的峡谷、那样清澈的溪流、那样葱郁的树林，感觉这是北方山水的一个另类，好像又回到了中国的南方。我来自四川，当时我觉得，与四川西部或青藏高原东缘那些雄伟的雪山、冰峰相比，太行山似乎是小巫见大巫。

但在云台山，我还是感觉到太行山一种特殊的地域吸引力，它的自然与人文特质足以让我着迷。河南修武当地的官员谈到太行山文化时津津乐道，虽然地处南太行一隅，但他们提出要成立太行山学会，要联合河南、山西、河北等诸省的同仁，去研究太行山，这给我留下了深刻的印象。

那时我已认识到，从地理与地貌的角度来看，太行山对于中国有举足轻重的意义。在修武讨论云台山旅游发展战略时，我也谈到，从整个中国来看，地质构造中有一条大断裂，由北向南贯通，断裂东边的地壳下沉，成为华北与中原的海河—黄河—淮河平原，以及南方的长江中下游平原；断裂西边的地壳抬升，成为内蒙古—山西高原，以及四川盆地和云贵高原，这是中国东西高低分野的重要界线，而沿着这条线，由北向南连绵几千里，就是气势磅礴的太行山—巫山—武陵山—雪峰山，它们在中国东部平原的西侧拔地而起，应该从这种大的地理背景来了解太行山

南太行山体下部的红色嶂石岩，经过流水的切割磨蚀，岩石内部色调变化多端的层理条纹显露无遗，这是太行山山体具有韵律美的肌理。

的地位。这种东西高下悬殊的地势分野，不仅有自然的意义，也在很大程度上决定了历史与文化的走向和演进。

2005年，《中国国家地理》杂志开展“选美中国”的活动，按不同类型的地理单元评选中国最美的山峰、峡谷、草原、湖泊、冰川、沙漠、洞穴、森林等。我参与了最美峡谷的评选，并应约撰写最美峡谷的简介与评语。在对中国峡谷相关资料的研究过程中，我意识到了太行山峡谷以横穿太行山的拒马河、滹沱河、漳河、沁河以及太行八陉为脉络，构成了一个气势恢宏、博大精深的太行山峡谷系，具有世界上罕见的杰出景观与美学品质。我把太行山大峡谷（群）推荐给编辑部，后来经诸多专家评选，太行山大峡谷入选中国最美的十大峡谷之列。

在那之后，《中国国家地理》杂志的编辑曾多次向我约稿，希望能撰写关于太行山的文章，我也很有兴趣，无奈杂事冗扰，一直未能抽出时间，直到2011年初春，才如愿以偿。2011年3月，我和《中国国家地理》杂志的编辑王杰、摄影师张华伟一起，从郑州出发，从南向北，以太行八陉为主要路线，多次横跨太行山主脉，在河南、山西、河北间几进几出，历时 10 天，最后在北京结束考察。这是我第一次有机会在太行山做大范围的旅行，不仅遍访了太行八陉，而且对太行山的地质、地理、地貌与景观得到了总体的直观印象。依据这次考察的内容，为《中国国家地理》2011 年第 5 期撰写了《太行山：高原向平原的转折很壮丽》《太行八陉是连接华北平原和山西高原的古代“国道”》两篇文章。

而本书之写成，赖于中国林业出版社对于中国地理丛书之策划，并将有关太行山一册的写作委托于我。为撰写本书，中国林业出版社还资助我于 2013 年 8 月对太行山再次进行了考察。此次考察历时 16 天，我独自驾车从成都出发，越秦岭、过黄河、入山西境，在山西境内由南向北，辗转于中条山、太行山、太岳山、五台山、上党盆地、汾河盆地、沁河河谷、漳河河谷等地，然后经北太行的灵丘隘门峡入河北，再沿太行山东麓南下，直至太行山南麓的豫西河洛平原，结束太行山之旅，返回成都。此次旅行，补充考察了太行八陉以及其他的一些重要关隘，以及同属于太行山系的中条、太岳、五台诸山，同时还重点关注了宗教文化、历史遗迹、古建筑等方面的内容。

显然，对认识和了解太行山这样一座气势恢弘、博大

红色嶂石岩的长崖固然坚硬，但随着天长日久的风化与崩塌，平直的崖壁也会渐渐被分割成矗立的石柱，并向着一座座突兀而立的塔峰演变。

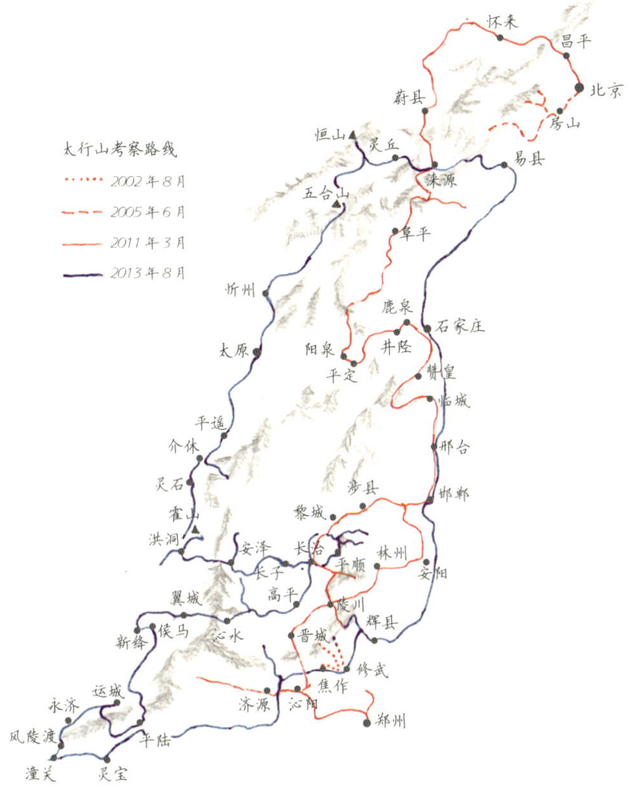

这是作者2002～2013年，四次考察太行山的路线图，各次考察路线用不同的线段标出。

精深、历史厚重的山脉来说，上述这些旅行和考察仍然是非常肤浅的，但对我来说，还是收获了许多富有启迪和值得体味的东西。在写作本书的过程中，也使我有机会进一步深化和修正对太行山的认识。我愿意借此书将这些启迪与认识同读者分享，也希望能激起更多的人对于太行山的兴趣和向往，让更多的人走进太行山——这座华夏文明的脊梁之山，去体验、享受和感知。

借此机会，也要感谢在我考察太行山，撰写太行山之路一书的过程中，所有支持和帮助我的人。

[目录]

【卷二】 太行大势——南北伸展的中国之翼

自从人类出现在地球上，就和这个星球表面巍峨磅礴的一条条山脉结下了不解之缘。也许没有其他什么地表景观，能像一座座大山那样和人们的生存密切相关，能像一座座大山那样让人们心醉神迷。

如果说秦岭—大别山系是中国南北气候的重要分界，那么大兴安岭—太行山—巫山—（武陵山）—雪峰山山系，就是中国东西地貌的基本分野。如果把前者喻为中国之脊，那么后者或可称为背西朝东、由脊柱向两侧展开的华夏之翼。而太行山就是其左翼的主要部分。历史上对太行八陉的排序，是把最南边的轵关陉作为第一陉，依次向北，到最北边的军都陉为第八陉，这也包含了把南太行作为太行山向北伸展的起始之根部的定义。

自从有了地理大发现，人类具有了真正意义上的全球地理视野之后，才得出了青藏高原这块地球上最高亢的区域是『世界屋脊』的概念。而在上古时期，华夏文明是围绕太行山起源、发祥的，在华夏先民的生存空间与地理概念中，太行山也就是他们的『天下之脊』。

古籍中关于太行山最早的记述

太行山很早就进入了古代先民的视野和生活圈，历史上它也被称为五行山、王母山、女娲山、太形山。最早记载太行山的文字见诸于《尚书》《山海经》《列子》等古籍。虽然现在能看到的这些古籍的最早版本，多由晋代文人编辑而成，但其内容无疑都源自两三千年以前先秦时期的古本。

《尚书·禹贡》称："壶口、雷首至于太岳；厎柱、析城至于王屋；太行、恒山至于碣石，入于海。"也就是说，由壶口山、雷首山，到达太岳山；又由厎柱山、析城山，

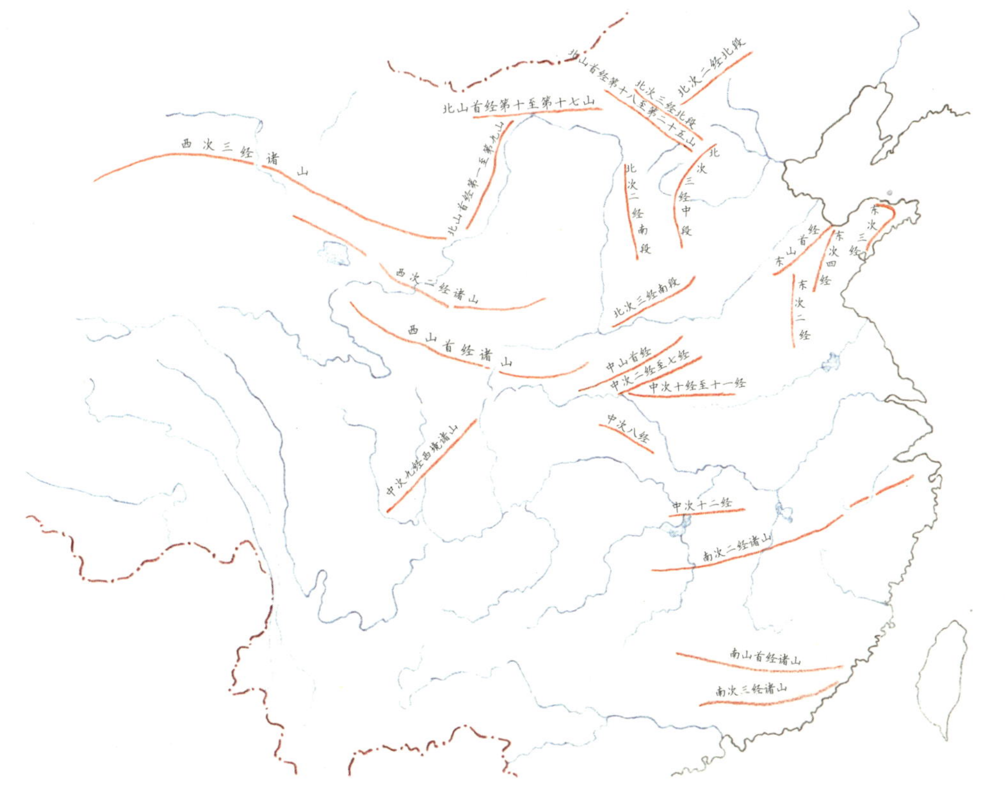

《山海经》的山经地域概貌示意图，据杨正泰《中国历史地理要籍介绍》一书中的原图绘制，对图中部分山经的名称做了订正。

到达王屋山。再由太行山、恒山，到达碣石山，从这里入渤海。这其中的雷首山，就是中条山。底柱，就是位于黄河三门峡的砥柱山，又称三门山。《禹贡》不仅提到了太行山，还清楚地描述了它与周边山脉的关系及其走向大势。

在《山海经》中，把山分为南山、西山、北山、东山、中山等五经，它相当于不同区域的山系组合。五经之下又分出若干“次经”，相当于山系，次经之下再列出若干山脉。太行山被列在“北山经”的“北次三经”之首，《山海经》说：“北次三经之首曰太行之山……自太行之山以至于无逢之山，凡四十六山，万二千三百五十里。”《山海经》是上

古时代一部关于地理、神话的奇书，虽然其中一些地名现在难以考证，但也有不少山脉、河流的名称可与现今对应，例如，在北次三经四十六山中，除太行山之外，还有王屋山、孟门山、轩辕山、发鸠山、燕山、碣石山等；河流有渑水、丹水、沁水、淇水、清漳水、浊漳水、滏水、虖沱水以及盐泽（池）等。有意思的是，和《禹贡》一样，《山海经》描述北次三经的太行等诸山大体也是由南而北，而且其东北端也大体是在面临渤海的碣石山附近。《山海经》记述的许多地理现象，也和现在人们看到的太行诸山的情况相吻合，例如“水冬干而夏流，实惟干河”的季节河；山中“多

太行山作为华北平原西边的屏障，也阻挡了来自太平洋的水汽，给太行山的迎风坡以及山区带来了更多的降水，使重峦叠嶂的山岭披上了绿装，而气象万千的云虹霓霞，更增添了太行山的雄浑奇峻。

黄垩”即太行山常见的黄土；“水出于其上，潜于其下”的石灰岩地区的地下暗河等。

不少中国人知道太行山，是来自于《列子·汤问》中那个“愚公移山”的神话故事，因为毛泽东在他的《愚公移山》一文中引用了这个故事，而在20世纪60~80年代的很长一段时间里，《愚公移山》和毛泽东的另两篇文章《为人民服务》《纪念白求恩》被并称为“老三篇”，要求人们熟读背诵。20世纪70年代读初中时，早读课被安排的固定篇目就是“老三篇”，《愚公移山》自然也上百遍地被诵读过，那是我对太行山最初的了解。

耐人寻味的是，愚公移山这个神话背后，也许隐含了古人对于太行山及其周围地理的朴素认知。从《列子·汤问》的原文来看，首先，太行山因其“方七百里，高万仞”，对于人们的生存活动无疑是巨大的地理障碍，因此产生了克服这种障碍的愿望，这种愿望就寄托于愚公移山的神话；其次，说太行山“本在冀州之南，河阳之北”，似乎是暗示太行山与豫西黄河两岸的山脉本属一体。从现今地质构造的认识来看，这不无道理。古之冀州，并非今天称河北为冀的概念，而是包括今山西全境以及河北、河南西部；愚公欲“毕力平险，指通豫南，达于汉阴”，后来“帝感其诚，命夸蛾氏二子负二山，一厝朔东，一厝雍南。自此，冀之南、汉之阴无陇断焉”，似乎是说明太行山南端广袤的河洛平原，连通了冀州之南、汉水之阴。但这并不是上帝的功劳，而是太行山与伏牛山之间的盆地断陷以及黄河冲刷堆积的结果，使得原本连为一体的太行山和豫西山地被河洛平原隔断；最后，愚公“叩石垦壤，箕畚运于渤海之尾”，似乎也是在暗喻太行山南端被黄河及其支流侵蚀下来的泥沙，又被黄河搬运到渤海之滨，在那里填海造陆，这当然是大自然的神力。

何处是太行
——太行山系的展布范围

上述古籍提到的太行山，指的是狭义的太行山，因为这些记述是把太行山与王屋山、中条山、太岳山、恒山等许多山脉并列的。虽然《禹贡》的由雷首经太行至碣石、《山海经》的北次三经都大致相当现今太行山系的范围，但它们都没有说这些山脉可统称为太行山。直到晋代以来，

太行山中的幽谷深峡，在云雾缭绕之中，给人以无限的神秘感和想象空间。历史上不仅有诸多名士隐居其间，道士僧人也趋之若鹜，将其作为求仙修行之所。

许多古代的地理学著作，才明确指出了太行山系也就是广义太行山的范围。

最早对太行山系范围作出定义的，也许是晋代的郭缘生，他在《述征记》中说，“太行首始于河内，北至幽州，凡百岭诸山皆因地立名，实一太行也，连亘十三州之界”。《述征记》一书早已散佚，其成书在南朝宋国的上限年代 479 年以前。因为后来不少的古代地理名著，如北魏郦道元的《水经注》、唐代李泰的《括地志》、唐代李吉甫的《元和郡县志》、清代顾祖禹的《读史方舆纪要》等，多有引用《述征记》的内容，人们才能一窥该书的片断。

太行首始于河内，这里所说的河内，是指新乡以西、黄河以北、王屋山以东的南太行山前冲积平原，包括现在河南的济源、沁阳、博爱、修武、辉县、获嘉、武陟等平原地区。河内的“河”即指黄河；河内的“内”，相对于“外”而言。由于这一冲积平原夹于南太行山与黄河南岸的邙山、嵩山之间，可以说黄河仍在山“内”，两岸均有大支流汇入黄河，而当黄河继续东流，完全进入山“外”的广袤平原后，由于泥沙淤积，河床垫高成了“悬河”，黄河不但不再吸纳支流，反倒成了海河水系与淮河水系的分水岭。

“首始于河内”，即认为太行山的起始之端在南太行，

壁立的太行山断崖，就像一道绵延千里的巨大城墙，把太行山与周边的平原、盆地分隔开，它既造成了不同生产生活方式以及民俗、文化的差异，也成为了历史上不同族群、不同文明交融与冲突的碰撞接合带。

这种由南而北的位序是值得玩味的。“北至幽州”，晋代的幽州包括了西起灵丘、阳原，东到乐亭、秦皇岛，北达张家口、宽城的广大地域。因此，郭缘生的太行山系的定义，也和《禹贡》的“太行、恒山至于碣石，入于海”以及《山海经》北次三经的山系描述大致吻合。

郭缘生之后，关于太行山系范围的描述就很多了，但大体上都是重复《述征记》的记叙。

唐代李泰的《括地志》说：“太行连亘河北（指黄河以北）诸州，凡数千里，始于怀（怀州，即河内一带），而终于幽（幽州）”。

《述征记》《括地志》等虽然定义了太行山作为一个山系的分布范围，但仍显得略而不详，它们对太行山走向两端的具体山脉并未指明。另外，太行山不仅纵向上绵延数千里，它的宽度也很大，多有分支，或与周边的其他山系相接，因此太行山横向上的范围也需要说明。

太行山东坡的红色嶂石岩，原本被压覆于古生界的灰色石灰岩层之下，但经过地壳上升以及长期的剥蚀之后，它也被大面积地暴露出来，并形成奇异的塔峰、石柱等地貌。

中国现代地质学之父丁文江，曾于1913年到太行山考察，他在记述这次考察的《太行山里的旅行》一文中，由对太行八陉的疑问，进而讨论了太行山的范围。他指出，如果按太行八陉的说法，那么从黄河北岸起，一直到河北的昌平（今属北京），都是太行山。但丁文江认为："太行山的范围似乎不应如是的广大，因为从河南的济源、沁阳，到河北的阜平，山脉是南北行的，这是所谓真正的太行山。从阜平起，山脉转向了东北，所以绕到北平的北面，再向东连到榆关，这一段地质的构造极其复杂，与太行本身不同。我的朋友翁詠霓（即翁文灏，与丁文江齐名的另一位中国地质学家）先生把它叫作燕山。如是则八陉里面的军都陉、飞狐陉和蒲阴陉都在燕山，而不在太行。"

丁文江、翁文灏先生根据山脉走向和地质结构的不同，认为阜平以北不是太行山，而应属燕山的看法，似乎略显偏颇。首先同一山脉的走向并不总是一成不变，受地质构造影响，在不同地段常常有所变化。即使是丁先生提到的河南济源、沁阳，太行山在那里的走向并非南北方向，而是近东西方向；而如果把阜平以北的东北走向的山脉划入燕山，那么它和军都陉以东的近东西走向的燕山也并不一致；其次，同一山脉的地质结构，虽大体一致，但在不同段落也会表现出差异。这是因为山脉的地层、岩石构成可能跨及很古老的地质年代，例如，太行山最老的岩石年龄可达20多亿年，但现在我们看到的太行山脉，它的形成年代相对于组成山脉的岩层来说，是非常年轻的，它主要是一二百万年以来新构造运动的结果。新构造运动中地壳的断裂、山脉的隆起，是可以跨越或穿切更老的不同地质体的。这好比一件打满不同年代不同质料补丁的衣服，当你把它撕裂时，最新的裂口容易沿着原来补丁的边缘发生，但也

可以撕破原来的补丁。

作者认为，要确定同一山脉的范围，一是看山脉主脉的自然延伸，当有走向明显交叉相切的大山脉出现时，则应该是另一山脉了；二是看山脉地质结构的基本一致，同时不排除有局部的变化；三是不同的山脉之间，应当有与山脉主脉走向平行的大河流或大的盆地将其分隔开。按照这个思路，作者提出狭义的太行山和广义的太行山系的概念。

太行山系南起中条山，其南界在黄河的风陵渡附近，向东经王屋山，然后就是狭义的太行山，它的主脊沿着山西与河南、山西与河北的省界往东北方向连绵，至涞源、灵丘、蔚县一带。由此向东北转入河北以至北京境内，接踵而来的是太行山系的小五台山、军都山，太行山的北界当在军都山东北端的白河。由中条山至军都山，也可看成是太行山系的主脉；主脉西边还有一些支脉，这就是太行山系的太岳山、系舟山、五台山、恒山。

太岳山、系舟山、五台山与狭义的太行山之间，没有平行主山脉的大河流相隔，其间虽也有盆地，但都是海拔较高的山间盆地。太行山系真正的西界，应该是山西中部纵贯南北的雁列式断陷盆地带，它包括运城盆地、临汾盆地、太原盆地和忻定盆地。山西的地势，以这个盆地带为轴线，习惯上称之为“左手太行，右手吕梁”是有道理的。

太行山系的北端，与燕山相连，这里也是中国近南北走向的大兴安岭—太行山山系，与近东西走向的阴山—燕山山系的交叉处，就像两列不同走向的波浪在此汇聚，使山岭的走向复杂化。燕山在军都山东侧经兴隆、遵化、昌黎一带，由碣石山入渤海。

太行山山系及水系分布示意图

对于太行山系的进一步分段，历来也有不同看法。我认为，从山脉的自然方位来看，太岳山可以称之为西太行；至于南、北太行的划分，作者认为从山体的地质结构来看，南太行与北太行的分界，大致在山西五台至河北平山一线比较合适，这一点在下一章还会进一步详述。从太行山主脉的走向来看，跨过山西五台至河北平山一线，太行山主脉的走向也由近南北方向转为东北方向，而且它的西北侧逐渐由山西高原转到内蒙古高原。

居高临风东望沧海的华夏之翼

中国最主要的地貌构架，是由西向东渐次降低的三级地形阶梯。地理地貌学家曾昭璇先生还把中国地貌更简单地分为高原中国和低地中国两部分，这两部分的界线刚好在大兴安岭—太行山—巫山—雪峰山一线，此线以西，为内蒙古高原、山西高原、黄土高原、云贵高原，以至更高的青藏高原；此线以东，为东北平原、黄（河）淮（河）海（河）平原、长江中下游平原。这一线几乎纵贯中国南北的山系，与被称为中国中央山脉的秦岭—大别山山系，正好呈十字交叉，从而构成了中国地貌的主要骨架。

太行山的意义并不仅在于它本身，还在于自 200 多万年以来的第四纪时期，正是由于太行山的强烈抬升，才有

了太行山以东盆地的不断沉陷，太行山东缘大断裂造成的这种地形上的一正一负，才使得西边不断地削山移土，东边不断地填海成陆。对古海岸遗迹的科学研究，已表明距今 7400 年时，华北海岸线还位于保定—石家庄—邯郸—安阳一线的太行山麓。此时的古人如果登上太行山向东俯瞰，应当是凭海临风、汪洋无边的景象。而大约与此同时或稍后的仰韶文化遗址，还在黄河刚刚东出三门峡的南太行与伏牛山之间。而随着太行山山前平原的向东推进，文明的繁衍也向东扩展，在太行山东麓的安阳，才出现了距今 3000 多年的殷墟遗址。距今约 1800 年前的东汉末年，曹孟德击败袁绍，扫平北方时，华北平原的天津至现今黄河三角洲的大片地区还在海中，因此曹操统一的中国北方地域，是不能和今天同日而语的。所以，说太行山是华北平原的母地并不为过。

站在太行山的高处，看脚下的风起云动是一大幸事，云之景观如水，似海、似湖、似河、似瀑，无不极尽其妙。

居天下之“中”的华夏之根

人们常说，中华文明起源于黄河流域的中原地带，但对中原究竟指何处却语焉不详。其实，这个“中原”并不等同于现今的黄淮海平原，即通常所说的华北平原，因为如前节所述，华北平原是黄河以及出自太行山系的诸多河流带来的泥沙逐渐填造而成，而至少在旧石器时代至新石器时代早期，这块平原的大部分还是一片大海，因此华夏先民最早的繁衍之地是在郑州桃花峪以上的黄河中游地区，这其中最重要的就是太行山南麓的河内平原、太行山西南端的渭河平原，以及太行山西边的涑水－汾河盆地。河内平原在广义上也可包括黄河与洛河交汇处的河洛平原，而渭河、涑水、汾河平原也可统称为汾渭平原，汾渭平原与河内平原对于华夏文明发生繁衍的意义，无论如何估计都不为过。

远古时期流传下来的神话，并非当时人们的凭空想象，而是他们面对所处环境中的诸多奇异自然现象时，寻求一种神灵的解释；或者是面临生存环境中的种种自然障碍与困顿时，表达一种寄托于神力的希冀与欲求。令人惊讶的是，除了上文提到的愚公移山的神话以外，还有许多中国古代神话都和太行山山系及其周边地区有关。

例如女娲造人。晋代郭璞在注《山海经·大荒西经》时说：“女娲，古神女而帝者，人面蛇身，一日中七十变”。《太平御览》卷七八引《风俗通义》：“俗说天地开辟，未有人民，女娲抟黄土做人，剧务，力不暇供，乃引绳于泥中，举以为人。”这里提到女娲造人用的是黄土，暗指了黄土高原是人类文明起源地之一。太行山是黄土高原的重要组成部分，历史上也恰好被称为女娲山，这绝非偶然。巧合的是，人们不仅在太行山北段的北京西山周口店发现了 67 万年前到 41 万年前的北京猿人化石，更在太行山西南侧的渭河平原的黄土层中，发现了 115 万年前至 70 万年前的蓝田猿人化石。“猿人”是俗称，它的外貌及体形还保留了猿的一些特征，脑容量介于古猿和现代人之间，但与古猿比较，它最大的进步在于直立行走，所以科学术语称之为“直立人”。蓝田猿人化石被国际上公认为中国最早的直立人化石及其文化遗存。云南元谋发现的直立人化石也许比蓝田人更老，但对其年代尚有争议。一般认为，从古猿到现代人类，经历了古猿—能人—直立人—智人的演化。而在太行山西麓的山西襄汾以及北太行的北京西山周口店，人们还发现了距今 10 万年左右的早期智人——丁村人化石，以及约 3 万年前的晚期智人——山顶洞人化石。人们在中条山西南端的山西芮城西候度，这个黄河大拐弯处的台地上，还发现了迄今为止中国最老的旧石器文化遗址，距今已有 180 万年。西候度虽然还没有发现古人类化石，但石器和烧骨的出土，仍然证明了

太行山险峻的山崖和葱茏的林木，在云腾雾障之下，更透出一股仙山琼阁的意境，这也难怪中国古代的许多神话会孕育于此。

这里存在中国最早的古人类活动遗迹。因此，在太行山及其周缘地区，几乎形成了约200万年以来人类发展演化遗存的完整链条。

再看女娲补天的传说，汉代淮南王刘安等所著的《淮南子》说：“往古之时，四极废，九州裂；天不兼覆，地不周载，火爁炎而不灭，水浩洋而不息，猛兽食颛民，鸷鸟攫老弱。于是女娲炼五色石以补苍天，断鳌足以立四极，杀黑龙以济冀州，积蘆灰以止淫水。苍天补，四极正；淫水固，冀州平；狡虫死，颛民生。”这里最值得注意的是，一再提到女娲补天济地的地方都和冀州有关。《禹贡》分天下为九州，这是中国最早的地域概念，而冀州又为九州之中，所以《淮南子》在描述九州的方位时也说“正中冀州为中土”。前文已提到，先秦时的冀州，包括今山西全境以及河北、河南西部，而这正是太行山系展布的范围。

又如精卫填海的神话，《山海经》指明了精卫鸟栖于发鸠山：“发鸠之山，其上多柘木。有鸟焉，其状如乌，文首，白喙，赤足，名曰精卫。其名自詨。是炎帝之少女名曰女娃。女娃遊于东海，溺而不返，故为精卫，常衔西山之木石以堙东海。”而发鸠山就在太行山，位于上党地区，在今天的长子县境内。

远古时期的中国，还有许多半是神话半是历史的传说，它既是人类社会对于自己婴孩时代的模糊记忆，同时又被赋予了怪诞幻化的色彩。这其中同样有很多故事发生在太行山及周边。比如黄帝与炎帝战于阪泉；黄帝与蚩尤战于涿鹿；还有尧帝建都于平阳，即今山西临汾；舜帝建都于蒲坂，即今山西蒲州；禹王建都于安邑，即今山西运城；还有舜帝耕种于中条之历山，嫘祖教民养蚕于夏县，后稷教民稼穑于稷山，都是在太行山西麓山西境内的汾河、涑河流域。

正因为远古历史材料的稀缺与混沌不明，所以给后人留下许多悬疑。例如《史记》中记载的黄帝与炎帝、蚩尤作战的阪泉、涿鹿，人们多认为就是北太行桑干河盆地的今河北涿鹿一带，也有人认为是在黄河中游的汾渭盆地。

作者认为，河北涿鹿远在内蒙古高原南缘的坝上地区，与传说中的黄帝、炎帝、蚩尤的活动中心相距太远，他们在那儿争战，在地利上很难讲得通。实际上根据现存古籍的记载来分析，作者认为黄帝与炎帝、蚩尤的阪泉、涿鹿之战，在今山西境内的涑水—汾河盆地似乎更为合理。因为下列这些先秦古籍均提到黄帝杀蚩尤是在“冀州”或“中冀”。《山海经·大荒北经》说：“蚩尤作兵伐黄帝，黄帝乃令应龙攻之冀州之野”；《逸周书》说黄帝“执蚩尤，杀之于中冀”；《尸子·卷下》云：“黄帝斩蚩尤于中冀”。先秦所称之冀州，其主体为今山西境，其中心即是涑水—汾河盆地，冀中当指此地。虽然所谓的蚩尤坟、蚩尤冢、蚩尤城等地名多见于今河北之涿鹿、徐水，山东之阳谷、汶上、巨野，河南之永城，陕西之华县等多处，但山西运城一带亦多有相关传说，可作旁证。如《太平寰宇记》卷四十六云：“蚩尤城在安邑县（今山西夏县）南十八里，其城今摧毁”；《梦溪笔谈·卷三》记：“解州盐泽，方百二十里。久雨，四山之水，悉注其中，未尝溢；大旱未尝涸。卤色正赤，在阪泉之下，俚俗谓之蚩尤血”；《史记》称运城盐池为“浊泽”，段玉裁《说文解字注》解释“盐”：“卤也。天生曰卤，人生曰盐。”盐池用于晒盐的卤水，亦被称为浊卤、浊漉，涿鹿可为其转读。钱穆在《国史大纲》中也说 “黄帝又与神农‘战于阪泉之野’，阪泉在山西解县盐池上源，相近有蚩尤城、蚩尤村以及浊泽，一名涿泽，即涿鹿矣。”

运城古为解县，据 1920 年的《解县志》记载：颜师古注解“解”，发音蟹，或曰解以蚩尤体。也就是说“解”或因黄帝在此肢解蚩尤而得名。

据 1994 年的《运城市志》称，盐池东端的东郭镇，扼古时盐运通道，相传蚩尤曾在这一带筑城守卫。东郭镇的从善村，即为古蚩尤城所在地，蚩尤兵败被杀，此地改名为服善，明万历四十一年（1613 年）更名为从善。

《山海经》“中山首经”所处的位置，也大致是古人认为的天下之中心。而中山首经之首，就是太行山南端的薄山（即中条山），中山首经还包括西太行的霍山（太岳山），东秦岭的华山、崤山、熊耳山、伏牛山等。可以看到，中山首经恰好是在渭河、汾河—涑水、河内几大平原之间，而川流汇黄河，举首见太行的这些膏腴之野，正是华夏文明的起源之地。

山西运城的汾河流经黄土高原汇入黄河，孕育了山西特有的地理文化现象。

北方草原游牧文明与中原农耕文明的接合带

太行山不仅是西北部高原和东南部平原的过渡带，这种地理环境也决定了太行山是北部草原游牧文明与南部农耕文明的接合带。这两种文明或两种文化的差异，似乎在距今约 20 万年至距今约 4 万年的旧石器时代中期，就已初现端倪。从这一时期的丁村遗址和许家窑遗址中，可以看到这种南北差异。

丁村遗址在山西襄汾南侧，位于南太行西麓临汾盆地的汾河边，出土有早期智人——丁村人的牙齿和头骨化石，丁村人大约生活在距今 10 万年前，丁村遗址的石器特点是较为粗大，仅在晚期才出现部分以燧石为原料的小型细石器，专家们认为这是另一种文化的混入。

许家窑遗址在山西阳高县境内，位于北太行北侧大同盆地的桑干河流域，出土有早期智人——许家窑人的头骨碎片、上颌和牙齿，许家窑人也生活在距今约 10 万年前，出土的石器以细小为特征，类型多，精巧复杂，具有细石器文化的典型特征，最特殊的是许家窑遗址出土了 1000 多件石球，它被认为是用来狩猎的重要武器。丁村遗址中也出土有石球，但数量很少，而且制作较粗糙。许家窑遗址的石球直径可从 5 厘米以下到 10 厘米以上，加工的圆度很好，大的石球可直接用来投掷，较小的石球可以夹在“飞石索”的皮条上，利用飞石索旋转的离心力，将石球抛出，攻击野兽。作者在川西高原的野外工作中，就经常看到当地藏族牧民还在使用飞石索，抛出小石子，驱赶牛羊。

有趣的是，许家窑人虽然制作的石器更为精细，表现

出的技艺更为先进，但从其头骨的特征看，却比丁村人更为原始。有专家认为，许家窑人和丁村人虽然都已是“氏族”组织的人群，但丁村人先于许家窑人进入“族外婚”，即丁村人先于许家窑人脱离了族内近亲交往的阶段，因此体质上较许家窑更为进步。如果真是这样，那么，许家窑人进入“族外婚”较晚是否正是因为他们以狩猎为主的生

太行深山中的乡村聚落，因自然环境的封闭性，历史上常常是可以自给、自足、自保的世外桃源之地，但要维持生活，仍需付出艰辛的劳动，在生产力已高度发达的今天，这种情形在太行山的许多地方仍未改变。

活方式所造成的呢？而南边的丁村人可能已较多地进入以农耕为主的生活了。

到了公元前 2000 多年至公元前 1000 多年，即距今 4000 多年至 3000 多年的夏、商时代，在太行山山前的河洛、豫北一带，出现了以堰师二里头、堰师尸乡沟、郑州二里岗、安阳殷墟等遗址为代表的华夏文明的核心聚落。而从中条山北麓运城盆地的夏县东下冯、临汾盆地的曲沃曲村，中条山南麓黄河北岸的平陆前庄、垣曲等地发现的遗址来看，青铜器、陶器等反映的特征与核心区域基本一致，但又带有明显的地方特点，因此太行山南段的这一带应属于夏、商王朝的西北区域。而再往北，则属于夏、商王朝之外的部落国家——方国的区域了。在太岳山有先方，在长治一带有余吾，在吕梁山南段有基方、辔方，在太原盆地有燕京戎，在吕梁山北段有鬼方，在恒山与大同盆地有土方等。“某某方”这种称呼，多来自于殷墟出土的甲骨卜辞，它主要反映夏、商君主以自己为中心，对周边部落国的一种相对的地域观念。

在山西境内的灵石旌介、石楼后家兰沟、石楼桃花者、忻州连寺沟、保德林遮峪等地的遗址中，出土了许多十分精彩、代表方国文化特点的青铜器，它们没有商朝区域常见的那种方鼎重器，而多为圆润的觥、瓿、盘、卣等器皿，其造型和纹饰均十分独特。例如，石楼桃花者出土的国宝级的龙形觥，不仅龙首奇异生动，而且觥身上有独一无二的鳄鱼纹。此外，在这些遗址中，还见有极富北方草原文化特色的铜胄、环首刀、蛇首匕、球玲、舞铙等器物。有学者认为它们来自蒙古高原，甚或是南西伯利亚。

这些方国与夏、商王朝的关系若即若离、时敌时友、时叛时服。这颇似后来的汉与匈奴、唐与突厥、宋与辽金蒙元、明与蒙古满清之间的恩恩怨怨。尽管夏、商都还不具备秦以后那样大一统的中原王朝性质，这些方国也还不是后来那样强大的草原帝国，但夏、商和方国的关系，似乎开启了这种贯穿历史的中原王朝与北方草原帝国之间时战时和、彼进我退、反复拉锯的活剧。清代学者顾祖禹在《读史方舆纪要》中，引用史事说，“自燕、云诸州而言，则

太行山东麓河南安阳殷墟出土的甲骨文，记载了这个地区久远厚重的文明史。

曰山前后，燕、幽诸州，在太行山前。云中诸州，在太行山后。石晋以山前后十六州入于契丹，为中原之祸者数百年。盖太行隔绝华夷，实今古之大防。”因此，从中原王朝防御的战略角度来看，太行山系是极其重要的西北屏障；而如果从不同文明接触碰撞的角度来看，太行山系则是北方草原文化与中原农耕文化交流沟通的重要场所。

【卷二】太行大系——凤翥龙蟠的太行诸山

太行山可以看做是中国第二级地形阶梯与第三级地形阶梯之间的一段台阶，尤其是从河南济源向东北，经河南的焦作、辉县、安阳、林州，河北的邯郸、邢台、鹿泉、曲阳、易县，到北京的房山、昌平一线，如果你在这一线向西北望去，太行山拔地而起，勾画出极为壮观的天际线，这段太行山的主脉和东南面浩渺无边的莽原平野恰成鲜明对照，这正是地球表面被断开的两个大断块一升一降造成的地貌反差，所以太行山在地质学上也被称为断块山。

太行山这个台阶的『阶面』总体十分平缓，也像一个东面翘起、西面略微下沉的跷跷板；台阶的『阶坎』自然十分陡峻。只有接近太行山的主脉，穿越这个地形大台阶的『转折线』，通过山脉与平原强烈的视觉对比，才最能体会到太行山作为『山』的险峻与壮观。

另外，对于庞大的太行山系来说，这个『跷跷板』在不同的段落和支系，还有些变化。太行山南段的中条山，是北翘南沉；西太行的太岳山是西翘东沉；北太行的小五台山，则是北翘南沉。因此，由运城盆地向南望、或由临汾盆地向东望、或由蔚县盆地向南望，可以看到中条山、或太岳山、或小五台山最壮观的山崖。

太行山的起始之首——中条山

中条山的别称很多，包括雷首山、首阳山、薄山、蒲山、历山、尧山、襄山、甘枣山、猪山、吴山等。气势磅礴的太行山系从这里开始向北延伸。中条山这个名字以及其他别称，都从不同方面反映了这座山的特征。

中条山也被简称为条山，这个名称形象地反映了它夹在黄河与涑水之间，山岭呈狭窄的长条状的地貌特征，自平陆、张店往东，中条山才逐渐变宽。中条山西段的最高峰是永济与芮城之间的雪花山，海拔 1993 米，东段的最高峰是垣曲、翼城、沁水三县交界处的历山，海拔 2322 米，这也是整个中条山的最高峰。中条山向东与王屋山相接，向北与太岳山相望。

雷首一名和先秦传说的穆天子有关，《穆天子传》说，天子到了这里，犬戎在这里设酒款待，并贡献良马。后来，这种良马也被称为雷首良马。这似乎说明，远古时，这里也曾是良好的牧场，或与游牧族的活动有关。

历山一名，据《山海经·中山经》称，因山上多枥木。枥木即栎树，现代调查表明，中条山的植被的确以暖温带的栎林为特征，其优势树种包括辽东栎、栓皮栎、槲栎、锐齿栎、小橡子树、齿叶栎等。

当我驱车由潼关过黄河，经风陵渡入山西，绕过中条山的西南角，再至永济一带的宽阔平原时，深为这里大开大合的山川气势所感染。唐代诗人王之涣，就是在永济西侧黄河边的鹳雀楼，咏出了“白日依山尽，黄河入海流。欲穷千里目，更上一层楼”的千古名句。虽然这里离黄河入海处还远，但黄河已从上游的崇山峻岭走出，开始进入汾渭、河内的平野陆海，这一望无际的河川平原，给诗人提供了更上层楼、极目千里的广阔视野。而人们熟知的西厢记故事的发生地——普救寺，竟然也在永济西侧离鹳雀楼不远的平原上，张生和崔莺莺的爱情传奇也给这片土地留下了浪漫的色彩。

先秦时期，就有河神巨灵在中条山（首阳山）与西岳华山之间开山导河的神话，三国时的东吴名臣薛综，在为张衡的《西京赋》作注时，说得更清楚："华岳与首阳本一山，当河，河水过而曲行，河神巨灵手荡脚开而为两，今掌在华山，人呼为仙掌，脚迹在东首阳下。"

这个神话也很有意思，从地质构造来看，黄河以南的华山、崤山、熊耳山，都可以看做是太行山系的自然延续，它们向南与秦岭连接，原本确为一体。说是河神巨灵开山导河也没错，因为正是黄河凭着自然神功，才沿着秦岭北侧的断裂带，冲破了原来山岭的阻隔，在中条山和华山之间，开掘出了东流入海的通道。

中条山富产铜矿，中条山北麓又有著名的运城盐池，加上中条山北侧的运城盆地和南侧的黄河川地极宜耕作且交通便利，它们几乎提供了人类繁衍生息最好的自然条件。中条山铜矿和运城盐池的开发利用，均可追溯到5000多

年前的黄帝、蚩尤之时。先秦古籍《管子·地数篇》提到葛庐之山及雍狐之山均出产金，蚩尤用以制作剑铠矛戟。这里不排除葛庐山、雍狐山包含中条山的可能，这里的金也不是指黄金，而应当是铜之金属，方能用来制造兵器。中条山铜矿曾在唐朝达于极盛，占到全国产量的1/3。时

中条山北麓的运城盐池，盐池含盐度很高的卤水显得混浊，远处可以看到盐池边白色的盐堆以及中条山北坡因断层作用形成的一列三角形断崖。

至今日，中条山仍然是中国最重要的铜矿基地之一。

中条山乃至太行山虽然海拔不算太高，东来的海洋水汽翻越山脊并不困难，但对降雨仍然有一定影响，山脉西北侧更偏干旱。加上运城盐池是中条山北麓背风坡一个断陷较深的内流湖盆，使盐池成为整个运城盆地的最低点，中条山北坡诸水汇流其中，加上年蒸发量为降水量的 3~5 倍，在漫长的地质历史中，盐池湖水不断浓缩干涸，在湖盆底部形成了盐矿层，湖水亦成为含盐浓度很高的卤水。而每当气候转暖，东南风劲吹之时，卤水加速蒸发浓缩，就会有石盐在湖中结晶析出，因此古人就采捞取之，并有“南风之熏兮，可以解吾民之愠兮；南风之时兮，可以阜吾民之财兮”的咏叹，希望天时有运，能够获取更多的盐利。

盐池紧靠运城城区的南边，凭借当地市民的指点，我没费多大劲就来到了盐池湖畔，湖面辽阔，风很大。可以见到盐湖又被人工修筑的堤埂分隔成许多晒盐池，且有水渠输引卤水。向南望去，白茫茫的盐池与中条山北麓平原上农作物的青纱帐相映成趣，远处则是逶迤高耸的中条山脉。据说由于现代海盐的成本更低，运城盐池已于 2005 年停止产盐。但运城盐池除了石盐以外，还产出芒硝、钾盐、镁盐等。我看到湖畔如白色长堤的芒硝堆，有拉芒硝的矿车来往穿梭，盐湖北岸有不少工厂，高大的烟囱正吞云吐雾，想必是利用盐湖资源的盐化工厂。

盐池北岸居然还有一座池神庙，这是我没有想到的。池神庙创建于唐大历十二年（777 年），皇帝赐盐池为宝应灵庆池，封池神为灵庆公。池神庙虽经历代整修，其建筑仍然古朴典雅，尤其是各朝的碑刻极多，足以知盐池地位之重要。历史上，运城盐池的盐税收入曾占到全国盐税

这是一通介绍池神庙的现代碑刻，而池神庙中现存的元、明、清古碑刻竟有30余通，且多为历代君王所赐，记载当时修建庙宇的经过以及盐业史事，池神庙最早的唐代碑刻现存于运城市博物馆。

收入的1/4，古称河东盐池、解池，所产之盐色白味正，以“解盐”闻名，广销四方。我知道这里的解州、解池、解盐的“解”字当读作“谢”，但池神庙的管理人员告诉我，当地人读“解”为“害”，这让我好奇。又有人说，“解”读作“害”，是因为解池一带是蚩尤遇“害”的地方，这和蚩尤在解池一带被“肢解”的说法似乎有相通之处。

太行山西麓的运城、临汾盆地，历来名人辈出，战国的张仪，汉代的卫青、霍去病，唐代的薛仁贵、柳宗元，宋代的司马光等，不一而足。而最负盛名者莫过于“河东解良人”——关羽。关公故里即在运城盐池南岸的常平村，附近的解州镇还有全国最大的关帝庙，被称为武庙之祖。当我驱车经过常平村时，远远即可望见村南山岭上高高耸立的巨型关公塑像，这是在2011年落成的，通高达到80米。当下浮夸攀比之风盛行，如此巨像与自然山川极不协调，且山头铲平，植被破坏，此举非敬古人，而是今人炫耀博名而已。

解州关帝庙中轴线上最高大的木牌坊——“气肃千秋”坊，牌坊两侧双楼对峙，东为印楼，西为刀楼，分别陈列有“汉寿亭侯”玉印与青龙偃月刀的模型。

解州关帝庙名不虚传，古建筑的宏大壮丽非其他武庙可比。但和国内的许多景区一样，这里也在大兴土木，在原关帝庙的外围“打造”了“关帝御花园”等建筑，实属画蛇添足。原来关帝庙正门的入口，也被改在关帝庙的侧后方，硬要让人通过“关帝御花园”这片“假古董”，才能进入真正的解州关帝庙。

我驱车两度穿过中条山，先由解州向南翻山，北坡山前为断层形成的陡崖，山道曲折险峻，上到高处，可俯瞰运城盆地的景色。此段中条山不高不厚，没费多少时间便越过山梁下行，南坡的地势要平缓得多，下到山麓便是芮城县的陌南镇，正逢赶集，人头攒动，街边有许多卖饼子的摊点，这是运城乃至山西最常见的一种小吃，也称烧饼，我来到一对老年夫妇的烧饼炉前，花 1.5 元买了两个充作午餐，葱油味，酥香可口。

由陌南往东去平陆，沿途多为中条山南麓的黄土塬，南临黄河，塬面宽阔平坦，村庄和农田集中于此，主要种植玉米以及苹果、桃等果树，路旁有不少收购水果的商行。黄土塬被中条山南坡的沟谷切割分隔，所以公路时而穿行于塬面，时而盘旋于深壑。不仅塬上田园风光很美，黄河岸边的湾地也是郁郁葱葱，十分秀丽，但由于三门峡水库的修建，这些湾地已被淹掉大半。

平陆是中条山下的小县，20 世纪 60 年代却名噪一时，在我的少年留下了很深的记忆，那是因为当时被广为传播并被收入学校课本还拍成电影的一篇通讯报道——《为了六十一个阶级弟兄》。历史上比平陆名气更大的，是平陆南边 4 千米的茅津渡，它与风陵渡、大禹渡并称为黄河三大古渡。这三大古渡皆位于中条山南麓的黄河岸边，当南太行与河洛、中原连接的要冲，可见历史上此地的商贸地位之重要，而茅津渡又为其中之最。据说，茅津渡最早于商代设渡。公元前 655 年，晋献公假道于虞，伐灭虢国，即由茅津渡过河。茅津渡历史上为晋南的重要货运枢纽，运城的盐、晋南的粮棉煤，多由此向中原转运，尤以运城盐最重要的外运航道而著称。而今，因三门峡黄河公路大桥、运城—三门峡高速公路桥的先后建成，茅津渡已失去往日的功能，成为了游览怀古之地。

由平陆向北经张店再翻中条山，张店北边是为中条山最低且最大的一个山坳口，也是一个风口，运城盐池的形成就与这个坳口的南风北上有关，现在这里建起了风力发电场，远远就可望见山梁上许多巨大的白色风扇叶轮在转动。这个坳口自然成为历史上贩盐的重要通道，现在的公路由此翻山也很容易，但北坡仍很陡峻，虽是高速公路，但也有很多罕见的急转大弯，才能克服陡峭的山势带来的高差。

曾经“总领海内名山”的中镇霍山——太岳山

太岳山，又名霍山、霍太山。“太”有“极”“最”之意，言其山极高极大；霍，也有“霍然大也”的意思。不过，东晋郭璞在《尔雅注》中认为，“霍”是先秦方言，意思是大山围着小山，在这里当“合”解。从太岳山重峦叠嶂、丘状山顶面上多有高峰环峙的地貌来看，郭璞的解释也不

无道理。

太岳山位于山西境内太行山系向西突出的部位，它北起太谷县东侧，南至翼城县与沁水县之间和中条山相接，长约200千米，宽约30千米。太岳山的东边是山峦起伏、地势高耸的太行山腹地，西边是低平开阔的汾河盆地，但在介休至霍州一段，由于太岳山与吕梁山夹相对峙，使汾河河谷变得狭窄和起伏不平，形成一个“地垒”，从而把汾河盆地分隔为南边的临汾盆地和北边的太原盆地，太岳山也是西边的汾河与东边的沁河、浊漳河的分水岭，因此，

气象森然的太岳山，它不仅山势雄伟，霍然大观，而且也是整个太行山系中森林覆盖率最高、生物多样性最突出的地区之一。

它处于山西的南北和东西控扼之要地。

在中国的历史文化名山中，曾经地位尊崇、显赫一时，而后来又淡出人们视线，几乎埋没无闻的，莫过于太岳山了。如今的泰、衡、华、恒、嵩等五岳，即古人按四方、五行的方位与风水概念，取景观与位置皆出类拔萃者，经历代帝王祭祀封禅，而成为一种地标图腾。但五岳并非自古有之，而是经过了不断的历史演变，祭祀名山也不只是五岳。

上古时有四岳之称，但当时是指以尧舜为中心的四方诸侯部落；《禹贡》分天下为九州，每州均列有两三个名山大川作为标志；《周礼》分天下为九州与《禹贡》不同，去掉了徐州、梁州，从冀州中分出并州、幽州，同时首次指出了各州之“山镇”：东南扬州，山镇会稽；正南荆州，山镇衡山；河南豫州，山镇华山；正东青州，山镇沂山；河东兖州，山镇岱山（泰山）；正西雍州，山镇岳山；东北幽州，山镇医巫闾；河内冀州，山镇霍山；正北并州，山镇恒山。山镇的“镇”，即有山之“主”的涵义，开了“镇”“岳”概念之先，九大山镇之确定，也为后来的帝王诏定祭祀的岳、镇之山打下了基础。后来五岳中的衡、华、岱、恒，五镇中的会稽、沂、医巫闾、霍皆在九镇之内。

《周礼》说明了以霍山为冀州镇山的理由：“九州之镇山，在冀曰霍，名于后世不可移。惟冀州据北方，地最广邈，河东尤认山水之雄，而独以霍为镇，意在其巍大隆峻，深厚广博，子诸峰而求群垤，其气象有以冠境内”。

祭祀太岳山的历史很悠久。据《史记》记载，霍太山山下有观堆，高二里，周十里，赵襄子灭智氏后，在此建观堆祠，祭祀霍太山；据《水经注》记载，晋献公灭霍国后，霍国国君逃往齐国，是年晋国大旱，晋献公只好派赵夙赴齐国请回霍国国君，以专门祭祀霍太山。

据《旧唐书》记载，唐代时已有祭祀五岳、四镇、四海、四渎的定制，五岳已正式确定下来，但只有四镇，少了中镇霍山。此时不仅祭山，而且四渎（江渎—长江、河渎—黄河、淮渎—淮河、济渎—济水）、四海（东海、南海、西海、北海）和岳、镇一起列入官方祭祀大典的对象。在《宋史》中，霍山又入山镇，自此便固定了泰、衡、华、恒、嵩五岳，沂、会稽、吴、医巫闾、霍五镇的概念。

国人一般知有五岳，不知有五镇。至少在宋、明两代，五镇是和五岳同等重要的祭祀之山，不同方位者按时令节气轮流祭祀。立春日祀东岳岱山、东镇沂山、东海（莱州）、淮渎（唐州）；立夏日祀南岳衡山、南镇会稽山、南海（广州）、江渎（成都府）；立秋日祀西岳华山、西镇吴山（陇州）、西海（河中府）、河渎（河中府）；立冬日祀北岳恒山、北镇医巫闾山、北海（孟州）、济渎（孟州）；土王日祀中岳嵩山、中镇霍山，因中岳、中镇居四方之中，对应土行，而土又为五行之总。难怪晚唐时期的文人吕洇为霍山之神立传时说："霍山神者，苍帝之中子也，生于天灵之纪，著雍赤雷若之岁。封冀，总领海内名山，璜寰以象其德。"

隋开皇十四年（594年）隋文帝杨广下诏敕建各地的山镇之祠，霍山中镇祠即始建于此，后又经历代重修。唐贞观四年（630年）建霍山祠，唐天宝十年（751年）霍山获封应圣公，霍山祠又称应圣公祠，宋代将其改作中镇庙。明洪武三年（1370年），明太祖朱元璋颁布"大明诏旨"，于重要祠庙前镌石立碑，霍山中镇庙亦在此列。

中镇庙位于今洪洞县赵城镇兴唐寺乡的霍山山麓，1934年夏，梁思成、林徽因来此考察，梁先生曾记述到"沿途风景较广胜寺更佳，但近山时实已入夜，山路崎岖，峰峦迫近如巨屏，谷中渐黑，凉风四起，只听脚下泉声奔湍，

这是位于山西阳城与泽州交界处的沁河寨后－土岭曲流峡谷，它被许多驴友称为“沁河第一湾”，是太行山中最著名的曲流峡谷景观之一，图片正中就是被沁河曲流包绕的状若巨鲸的寨后曲峡孤山。

看山后一两颗星点透出夜色”“庙址既大，高下不齐”。遗憾的是，1970 年，中镇庙和旁边的兴唐寺皆遭拆毁，上百通石碑大多被砸碎，现仅存 3 间东配殿和旁边半截入土的“大明诏旨”碑，和当今名声远播的五岳相比，中镇太岳山也像这座中镇庙一样显出几分冷落。

我驱车沿 331 省道由翼城至沁水以及沿 309 国道由安泽至洪洞，穿越太岳山的南段。当翻越汾河与沁河之间的分水岭时，都感到了山路的险峻，看似坡度不太大的道路，

其实颇为陡峭，加上弯道很多，慢慢爬行的成队大货车，常常造成拥堵。但太岳山最高峻的主脉还不在这一段，而是在洪洞、霍州、灵石、介休一线的东侧，这里高峰群集。位于洪洞县、霍州市、古县交界处的霍山，海拔 2346 米，被认为是太岳山的主峰，但它并不是太岳山的最高峰，最高峰是灵石县与沁源县交界处海拔 2566.6 米的牛角鞍。太岳山主脉与西侧汾河盆地的相对高差多在 1000 米以上，而主峰霍山高出脚下的临汾盆地近 1800 米，尽管霍山不是太岳山最高峰，但这一带从汾河谷地到山顶的相对高度却是最大的，也许这是历来把霍山作为太岳山主峰的原因。

我选择绵山作为深入太岳山的对象，由介休出发向东行，入山时雾霭弥漫，天气并不好，景区入口处有十分宏大的游客中心，就像巨大的机场候机楼或火车站客运大楼，但大而无当，与自然山水颇不协调。游客中心前面有高大的介子推塑像，介子推是春秋时晋国之臣，后不愿做官隐入绵山，晋文公求介子推不得，放火焚山逼介子推出，介终不出，被焚身亡，晋文公深以为憾。后来清明节禁火寒食的习俗据说出自于此。因此，绵山又以“清明寒食之源”作为号召。

随着观光车沿盘山道渐渐爬高，到得云层之上，阳光灿烂，天清气朗。景区道路沿着太岳山的一条峡谷向上延伸，在峡谷口的龙头寺，可以看到云遮雾绕、深不见底的悬崖绝壁，但看不见山下的汾河盆地。此时，随着气温升高，山下的云雾正向上升腾飘散，使得山崖以及踞险凌空的寺庙时隐时现，恍若仙境，让人联想到四川峨眉山险峻奇幻的舍身崖的景象。沿峡谷上行七八千米，到达绵山主峰下的水涛沟，由此沿陡峭的步道攀登至主峰旁的一个平台，远山近峦皆收眼底。令人印象深刻的是，在这山西高原的深山之中，竟然是满山青绿。树木不是很高大，可能与山崖陡峭、土层薄、降水相对较少有关，但松树、栎树为主的乔木，与灌木、草丛相互混生，十分茂密，组成植物种类极为丰富的天然群落。据了解，太岳山是太行山最重要的天然林区之一，高等植物种类达 850 多种，它也给众多的动物提供了栖息地，其中仅被列入国家重点保护的鸟类就有 20 多种，如褐马鸡、金雕、黑鹳等。

太岳山另外引起我极大兴趣的是，山西最有价值且保存最好的古民居建筑聚落几乎都集中在太岳山主脉的西坡山麓，它们东倚太岳，西望汾河，仿佛是山川之间自然生长出来的文明之果。其中最著名者如平遥古城、榆次常家大院、太谷县曹家大院、祁县乔家大院、祁县渠家大院、灵石县王家大院等。

尽管山西是中国古建筑保存最多的省份，历史文化极为深厚，但是在太岳山麓、汾河东岸，在晋中的榆次—太谷—祁县—平遥—介休—灵石一线，竟然如此亮星群聚、无与伦比，这着实让人惊讶。而更重要的是，这些古民居聚落都是名震四方、富可敌国的晋商曾经辉煌一时的历史见证。为何这块看似偏远的地方，竟然是曾经掌控大半中国经济命脉的首富之区，从而形成足以与南方徽商和徽派文化相媲美的中国北方文明的一个典范？这不会纯属偶然。

太岳山下的祁县、太谷、平遥，曾被称为“祁太平金三角”，但我觉得可以把从榆次到灵石这一线的晋商发源地，称为“晋中黄金带”，它地处太原盆地东南部，东有太岳山作为屏障，依山傍水，平畴千里，是华夏农业文明的重要发祥地。同时，这里又处在与北方游牧民族相交接的区域，西北出吕梁、恒山可通塞外，东南过太行可连中原，由于游牧与农耕之间的产品互补性，这种商贸交流比内地的其他地方更为频繁与活跃，也许这就是培育晋商的土壤，使他们既备儒家之礼义，又具交易之精明，而历史的机遇也促成了晋商的登台。

看这些“大院”主人的历史轨迹，可以发现许多共同点：

山西灵石县静升镇王家大院之恒贞堡的建筑群一角。

他们的先祖多出身寒微，例如，灵石王家的王实，身为佃农，兼卖豆腐；太谷曹家的曹邦彦以卖砂锅为生；祁县渠家初为小贩；祁县乔家的乔贵发早年为人帮佣。

他们都因经商并以诚信建立起了最初的经济基础，而且贸易不囿于国内，更是面向境外，很早就有“国际视野”，太谷曹家在道光、咸丰年间的商铺号称“辽奉蒙俄六百座”；榆次常家开拓万里茶路，远销海外，在莫斯科设有商号；介休范家拥有船队往返于日本、中国，垄断铜的进口贸易七八十年。

他们都抓住清代文经武略的机遇和清廷建立了密切关系，或为之输送粮草，或为之采购马匹军械，或为之办进皮张，或为之借支白银，从而在清代出现了晋商的全盛时期；他们经商发达后，都花巨资营造宅第，精工巧作、富丽堂皇，把中国北方的民居建筑艺术发挥到极致，留下了宝贵的文化遗产。而且他们多注重后代的教育，所谓"世兼儒贾为业"，使其家族中或多有科名，或人才辈出，如榆次常家，光绪年间有4人拔贡，5人中举；民国年间有4人留学日本，有10人从国内大学毕业。

位于山西阳城县北留镇皇城村的皇城堡，因为有清代名臣陈廷敬的故居，所以被称为皇城相府。皇城堡始建于明崇祯年间，它是晋东南沁河流域古代城堡建筑的典型代表，7层高的"百尺山河楼"是皇城堡的标志性建筑。

“晋中黄金带”现存的古建筑虽丰，但也只是原来的一部分，还有许多宅院聚落，或因日久毁坏湮灭，或尚待发掘保护。如介休的范家院落曾有“小金銮殿”之称，因乾隆后期范家家道中落，原建筑已荡然无存；又如祁县境内类似乔家大院的院落民居至今尚有 40 余家，其中有些建筑规模、工艺水平都不输于乔家大院，但因无力修缮已日渐破败。

现存并向游人开放的这些大院中，最可观者莫过于灵石县静升镇的王家大院。称这些民居聚落为“大院”，其实并不准确，因为它们的规模远远超过一般的院落，而更像一个村落。目前开放的王家大院，分为东边的视履堡和西边的恒贞堡两个部分，建筑面积达到 45000 平方米，共有 123 个院落，1118 间房屋；另外，从建筑形式来看，它也不是一般的院落或村落，而实实在在是一个城堡。高大

的城墙四面合围，墙高 10 余米，厚大坚固，城墙上有垛口、马道，除了门楼外，4 个角上均有角楼，外墙面也有突出的马面，是完全按照古代传统形制打造的微缩城池，所以，它们历来都被称为“堡”是名副其实的。

太行山及其周边，历来是兵、匪攻掠袭夺的要地，尤其是明末清初，变乱频生，灵石一带仅明崇祯年间，就有王家邱、张献忠、老回回、李自成等部来往扫荡，清朝定鼎以后，民变兵祸依然时起时伏。为安身自保，乡镇村落多建寨堡壁垒，而晋商富豪在修建宅第时，更是将防卫和安全作为首要考虑。因此，不仅王家大院，晋中乃至整个太行山，类似的这些“大院”皆为城堡形式便不足为奇。由此，在太行山及其周边，至今仍留下了许多以“堡”“壁（有时作‘必’）”“寨”等命名的村庄乡镇，仅平遥县境内，就有岳壁、赵壁、马壁、

位于山西省沁水县郑村镇湘峪村的湘峪堡，建成于明崇祯七年（1634 年），是明万历年间户部尚书孙居相、都察院右副都御史孙鼎相两兄弟的故里。湘峪堡是沁河流域古城堡又一杰出范例，城垣中有藏兵洞和迷宫般的地下通道。

南良如壁、沿村堡、西堡、梁家寨等许多这样的地名。

静升镇是著名的古镇，但和其他地方一样，长期以来人们缺乏保护古镇风貌的意识，最近几十年的胡乱修建，使得静升镇的整体建筑格局与风貌已是不伦不类。穿过显得杂乱的静升镇街道，拐上一个山坡，便到了王家大院门前，王家大院在晋中现存的大院中不仅规模上首屈一指，它的独特之处还在于不是建在平川上，而是依山起势，建在太岳山西麓黄土台塬的斜坡上，它坐北朝南，南边有自太岳山而出的小水河自东向西流入汾河，王家大院所在的黄土塬被冲沟分割成几块坡面，乾隆时的《王氏族谱》记载此地的地理环境时说，“中系平原，东北西三面皆沟，惟东南一面接连绵山，为此地龙脉之源”。

一进入王家大院，就让人有目不暇接的感觉，影壁、门坊、门楼、山墙、屋檐、房柱、回廊、栏杆、门窗等，几乎每一样都值得去品味，但又没有时间去细看，而院落、

山西灵石县静升镇的寨堡分布图，图中用红色标示的恒贞堡（红门堡）与视履堡（高家崖）即现在通称的王家大院。

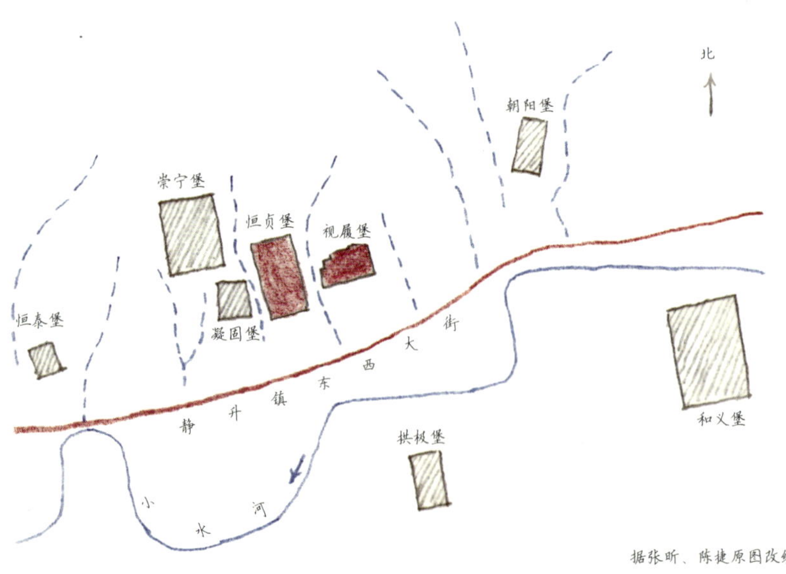

房屋、通道之间的起承转合，衔接变化，既精于布置，又自然天成。晋商大院中最为人称道的木雕、砖雕、石雕这“三绝”，在王家大院中同样被运用到几乎每一个细部，而且极尽精美华丽。在这种典型的中国式宅院中，围合封闭的空间与变化多端的布置，反复运用的基本结构与丰富多彩的局部装饰，都被很好地结合起来，与国人既内敛保守、工于心计，又圆滑随和、寻求变通的性情如出一辙。浏览大院，就像在欣赏一首传统民乐，主旋律不断重复，但又有奇巧婉转的调门变化。

王家大院的视履堡与恒贞堡，仅仅是历史上静升村8堡18巷5祠堂建筑群落的一部分，在清嘉庆年间，静升村就已建成了8座寨堡，在小水河北岸黄土坡上的有6座，由西向东依次为：恒泰堡、崇宁堡、凝固堡、恒贞堡、视履堡（高家崖）、朝阳堡，位于小水河南岸平川的有2座，西边为拱极堡，东边为和义堡。

站在恒贞堡的城墙上，就可看到西边山坡上面积更大的崇宁堡的城墙，也可以看到正在修复的崇宁堡的门楼和角楼。俯瞰下去，崇宁堡脚下是残缺不全的凝固堡，仅有几幢遗留的气势不凡的屋宇，还标志着它的存在。

王家大院现在虽然已是仅供人观赏的空置村落，但它历代住民的状况仍然令人感兴趣。除了人们了解的作为晋商大户的王氏家史外，1949年土改后，视履堡、恒贞堡被分给了350多户贫下中农居住，共有1000多人，这些新主人一住就是40多年，由此也可看出王家大院的容量之大。令人庆幸的是，这些后来的住民对这片古宅仍然爱惜有加，才使它得以完整地保存至今。1996年王家大院被列为省级文物保护单位后，灵石县政府拨款3500万元迁置村民、修复文物，院内居民于1996年、1997年陆续全部搬出。

华北屋脊的
清凉之山——五台山

我去五台山，是从太原出发往北行，和太岳山在霍州、灵石一线与吕梁山夹峙，形成分隔临汾盆地与太原盆地的峡谷隘口类似，在太原北边的阳曲一带，太行山向西伸出的系舟山等支脉，也与云中山—吕梁山相碰，形成石岭关一带的山坳，把太原盆地与忻定盆地分隔开，这个山坳也是汾河与滹沱河的分水岭。汾河、滹沱河相隔不远，但却各自在这个山坳的南北两侧拐了一个大弯，汾河向南走，滹沱河向东流。

这不由得使人产生猜想，滹沱河是否曾经通过这个低矮的山坳与汾河相连？地质地貌学的研究证实了这个猜想，忻州以北的滹沱河段原来正是汾河上游的一段，约在距今两三百万年的上新世末至更新世初，曾经从北到南贯穿山西高原的汾河地堑，因构造挤压和断块抬升，发生了多处局部隆起，从而把古汾河地堑分隔为运城、临汾、太原、忻定多个盆地。而阳曲石岭关一带的隆起，使原先的汾河在这里被切断，忻州以北的河段被滹沱河袭夺，转向东流。

系舟山也被认为是五台山向西南方向伸出的支脉，所以又有小五台山之称，主峰柳林尖山，海拔 2101 米。据北宋《太平寰宇记》记载，系舟山得名是因为传说大禹治水时，

五台环抱的台怀镇的寺庙建筑群，其中的白塔是佛教圣地五台山的标志性建筑。一场冬雪覆盖了山头与屋顶，更显出这个清凉之山的静谧与平和。

曾系舟于此山。另有一说称涉洪系舟者不是大禹，而是尧帝。无论哪一种说法，都称山上有状若用来系舟的柱子，如环形排列于山崖，这很可能是根据山崖上发育的石柱附会而成。还有传说称山上有铜环铁轴，但作用是镇山之物，因为太原别称龙城，传说龙角就在系舟山，而系舟山就是太原的镇城之山，这个“金环银地橛”同时还系着被称为卧牛城的忻州。如今已见不到什么铜环铁轴了，传说归传说，但系舟山一山俯控太原、忻州两城及滹沱、汾河两河的地理位置，却是十分重要的。

越石岭关，过忻州，沿 S46 忻（州）阜（平）高速向东行。过定襄入五台县境内后，在公路左侧，就可以看到石崖陡峭、雄峰挺立的五台群山渐渐清楚地展现在眼前。在忻阜高速石咀出口下，走被称为大（同）石（咀）线的 S205 省道，向西北去五台山的台怀镇。大石线原本是联系五台、繁峙、应县、怀仁、大同的一条主要通道，但在占山收钱、画地为牢的时兴潮流下，横贯五台山景区的这段省道现在仅有旅游车辆出入，因为其他的车辆不可能为了过路而去购买高昂的景区门票。

五台山景区有东、北、西 3 个出入口，东口和北口位于大石线上，西口位于台（怀）忻（州）线即 S311 省道上。我驾车从东口入，这也是景区的主出入口，有极为宽大的售票厅和停车场，但进景区有两个通道，一个标明是公务车辆专用通道，大概是不收门票的，另一个是必须购票的一般游客通道。虽值 8 月的旅游旺季，168 元的门票也打 8 折为 134 元，不知是否因为考虑到价格实在过高，但还得另购 50 元的观光车票，即使自驾车也不能免。

受地形影响，3 个门票站不能完全把五台山的寺庙和名胜之地圈住，例如东、南、西、北 4 个台顶，以及鸿门岩、望海寺、普济寺、清凉寺、法雷寺、灵应寺等都在门票站外，我从东门进，要去南台顶、清凉寺，还得从西门出，需在门口登记车牌，以便回来时不再购票。奇怪的是，像五台山这样已有多年历史的景区，一路上没有任何由台怀镇去南台顶、清凉寺的指路牌，去西台、中台、北台也是如此，即使走到南台顶跟前，也没有任何标记与说明牌，如果没有 GPS，只能一路询问。例外的是，台怀镇一线由外来投资者兴建的大量宾馆酒店却有清楚的指路牌。

能够把五台山圈起来收钱，当然是因为这里是有众多寺庙的佛教圣地，但景区向游客收取高额门票，却与寺庙没有任何关系。寺庙要想从旅游活动中获得好处，或是自己收门票，或是向游客提供香火、开光、纪念品、食宿等服务。但五台山寺庙太多，而且并不都是集中在主干游线上，游客不可能每寺都进。因此一些历史悠久的著名寺庙面对众多的游客，也收起了门票，而一般的寺庙多不收费，主要靠向游客或香客提供服务来得到利益。例如，全国重点文物保护单位——显通寺，这类寺庙是游客必到的地点，但要进去，还得掏钱，虽然只是 10 元，但若干有看点的寺庙加在一起也不是小数，而那高达 200 元左右的五台山景区门票，实际上只是一个进山许可证，这当然大大加重了一般游客的负担。我与寺庙的僧人论及此事，他们也颇有微词，但不愿深谈，最后只是说："阿弥陀佛！"

太行山山系的最高点，无疑就是海拔 3061 米的五台山北台顶，而五台山一向也被称为"华北屋脊"。正因为其高，五台山的气候也比同纬度的其他地区要冷得多，与东北大兴安岭的气候相近，因此历来也被称为清凉山。这里年平均气温只有零下 4℃，最冷的 1 月，平均气温零下 18.8℃，中台顶气象站记录到的极端最低气温为零下 44.8℃，即使在最热的 7、8 月，月平均气温也分别只有 9.5℃

和 8.5℃。1976 年，在海拔 2896 米的五台山气象站修建公路时，还发现在地下 1 米深处有经夏不化的永冻土层。我来到五台山也正值 8 月，一路上只着短衫即可，但到了台怀镇顿觉凉气袭人，不得不穿上了带抓绒的冲锋衣。

明代万历年间五台山高僧镇澄法师修撰的《清凉山志》，对五台山的自然环境有极好的描述，不妨摘录于此："东震旦国清凉山者，乃曼殊大士之化宇也，亦名五台山。以岁积坚冰，夏仍飞雪，曾无炎暑，故曰清凉。五峰耸出，顶无林木，有如垒土之台，故曰五台。雄据雁代，磅礴数州，在四关之中，周五百余里，左邻恒岳，秀出千峰；右瞰滹沱，长流一带。北陵紫塞，遏万里之烟尘；南拥中原，为大国之屏蔽。山之形势，难以尽言。五峰中立，千嶂环开，曲屈窈窕，锁千道之长谷；叠翠迴岚，幕百重之峻岭。岿巍敦厚，他山莫比，故有大人状焉。其间鸣泉历历，万壑奔飞，嘉木森森，千峦弥布。"

作为中国四大佛教名山、世界五大佛教圣地之一的五台山，佛教在这里屡经发祥繁盛与法难浩劫的曲折历程，现在似乎又重归中兴，但它仍然面临来自尘世的物欲横流的冲击与考验。

不过，从五台诸顶怀抱的台怀镇看五台山，其实山景

并无特别之处，山顶平缓如台，并无奇峰突出。真正感受五台山峰峦之峥嵘、山势之雄壮，是在五台山外侧或进出五台山的途中，我在由定襄至五台山以及由五台山至繁峙的路上体会尤深。

五台山的植被以草本和灌木为主，5 个台顶以及周围的许多山岭都“顶无林木”，仅在较低处的山坡和山谷中有一些不连续的人工林。但据有关专家考证，古代五台山也曾经森林茂密，说明并非此地环境不宜。20 世纪初，一个叫梅耶（F. Meyer）的美国人来山西五台山收集植物标本和作物种子，发现这一带由于森林破坏，滹沱河、汾河流域的水土流失非常严重，水涝灾害频繁发生。他拍了不少照片，将这种情况报告给美国农业部外国作物引种处。1908 年美国总统罗斯福在国会作的一个关于自然保护报告中，曾利用他的照片和相关文字说明，提醒美国人注意在中国发生的不注重自然保护的灾难后果，避免重蹈中国的覆辙。

另外也有专家研究认为，五台山高山林线的海拔范围，阳坡在 2605~2790 米，阴坡在 2810~3015 米，但现在在这些林线高度以下，也是大片无林的秃山，造成这种“荒边无树鸟无窝”的主要原因，在于历代的人为破坏。现有的小片森林，也多为单一树种的缺乏生态功能的人工纯林。而近年来，随着过度的旅游开发，五台山景区内城市化、人工园林化对环境的影响也日益严重，酒店宾馆越修越多，其中各级政府部门自建者不在少数。更有为迎合国人功利性的拜佛烧香行为，以圈钱为目的，兴建的一些“水货”寺庙。由此造成水土流失、高山草甸破坏、垃圾污水废气排放加剧。5 个台顶环抱的台怀镇，原本是山间一个自然的清静封闭之地，因此才被选中作为佛家修行之所，但现在已日益成为一个喧嚣的闹市。

壮觀

一名两地引来辩争的北岳胜地——恒山

说到恒山，一般人都会认为它是位于山西浑源县境内的恒山，是为著名五岳之一的北岳。但历史上的北岳恒山，最初并不在这里，而是在古之曲阳县，现今河北阜平、唐县、涞源3县交界处的大茂山，也即古恒山。恒山的历史变迁，包含了许多历史的误会，既有无意的失落，也是有意的营造。

先秦古籍《尚书·禹贡》说："太行、恒山，至于碣石，入于海"，虽然当时对于恒山没有清楚的行政区域描述，但从叙述的连贯性及反映的方位走向来看，应当是总体向东北，向东，太行山转为恒山，再经碣石山至渤海。尽管碣石山按现今的地理概念应属燕山山脉，但太行山要东延至海，从山势连接来看，必然要通过现今河北昌黎县濒临渤海的碣石山，因此，这个碣石山不太可能是山东无棣或辽宁兴城的碣石山，当然，这个恒山也不太可能完全等同于现今忻定盆地和

悬立于峭壁之上的悬空寺，是山西浑源恒山最负盛名的古代建筑群。

历史上的两座恒山——河北曲阳恒山与山西浑源恒山的位置示意图

大同盆地之间的恒山山脉，而很可能包括现今河北曲阳、阜平、唐县、涞源一带的北太行主脉，甚至还可能包含了现今的小五台山、军都山，因为这也是北太行向东至碣石山之间的主脉延伸。

全祖望、谭其骧、马非白等史学大家经考证认为，秦朝时已置有恒山郡，其治所在东垣，即今石家庄市长安区东古城一带，这可以间接说明古恒山在曲阳一带。

到了汉代及以后，史籍中关于恒山位于曲阳的记载就非常清楚了。《汉书·地理志·常山郡·上曲阳县》载："恒山北谷，《禹贡》恒水所出，东入滱"。滱水即唐河，恒水今称西河，源出大茂山（神仙山）在今涞源县的走马驿镇汇入唐河。这说明了唐河支流出自恒山北坡山谷，恒山在唐河以南，这也正是大茂山即古恒山的位置，而非现今浑源恒山的所在。

古代因避讳皇帝的名字，常有地名改称的情况。恒山也不例外，汉文帝刘恒、宋真宗赵恒即位时，都改恒山为常山。一些因恒山而得名的地名也受到影响，例如位于恒

山北麓唐河边的著名关隘——倒马关，在汉代就被称为常山关；唐穆宗李恒即位时，还改恒州为镇州，改恒阳为曲阳。

作为古代帝王祭祀对象的五岳，都在山下建有祭祀山岳之神的大庙，皇帝或皇帝指派的官员能亲临登顶举行祭祀大典的极少，相关典礼多在山下的山岳祠庙中进行，因此历代在五岳山下修葺祠庙的活动连绵不绝，也使山岳祠庙成为五岳的著名景观。曲阳县也有历史悠久的北岳庙，始建于北魏宣武帝年间（500 ~ 512 年），而且据东汉郑玄、唐代贾公彦的《周礼注疏》称："自汉宣帝神爵元年（公元前 61 年）祀北岳常山于曲阳，后遂因之"。一直到清顺治十七年（1660 年），历代帝王均在此遥祭北岳恒山。但正是这一"遥祭"，惹出了许多悬疑。

明代弘治年间的兵部尚书马文升给皇帝上疏称：北岳恒山原本在浑源县境内，秦汉隋唐对北岳的祭祀也在此，五代时北方之地丧失，到宋代时亦未能统一，为契丹所据，所以改在曲阳遥祭北岳恒山。同时，马文升还举出另一条理由，即明成祖迁都北京后，曲阳已在北京之南，在京城的南方祭祀北岳也不妥当，因此提议对北岳的祭祀应移至浑源。当时的吏部尚书倪岳引经据典，指出恒山自古就在曲阳县，并说"北岳恒山，祀于曲阳，历汉至今两千余年，不可辄改"。

其实，因京城位置的变迁，更早提出要重新确定五岳的，是在金朝大定七年（1617 年），一些官员认为金朝既定都于燕，应"别议五岳名"。大臣范拱列举历代先例，指出从来没有因为帝都的迁移而改五岳的，因此金朝对五岳也未作改变。后来，明末清初的大学者顾炎武也指出："帝王之都邑无常，而五岳有定。历代之制，改都而不改岳"。顾炎武还曾亲到曲阳北岳庙考察，他在《北岳辨》中记述说，宋初时北岳庙为契丹所焚，淳化二年重建，但唐代碑刻未

被毁，而宋代的碑记也很多，录不胜录，加上唐代以前的史书记载，可知在上曲阳祭祀北岳，自古亦然。

曲阳的北岳庙的确是遥祭恒山，但它遥祭的并不是浑源的恒山，而是后来被称作大茂山的古恒山，与其他四岳的祀庙相比，曲阳北岳庙并不是在恒山山脚下，它离古恒山有一百四十里，但石家庄市社会科学院的梁勇先生考察发现，在大茂山南麓，有个村庄叫上寺，在村北一片古建筑遗址上，有隋唐时期建筑的标志性构件莲花瓦当等碎片，因此这里很可能就是最早的北岳庙——上祠的遗址。

北宋学者沈括在《梦溪笔谈》中说得更清楚："北岳常山，今谓之大茂山者是也，半属契丹，以大茂山分脊为界，岳祠旧在山下，石晋之后稍迁近里，……今祠乃在曲阳祠，北有望岳亭，新晴气清则望见大茂。"

五代以后，北岳恒山成为中原王朝与契丹的边界和交战要地，在上祠祭祀已不可能，因此才在曲阳县城的北岳庙即下祠遥祭北岳。此外，顾炎武还指出，5 镇中地处辽东的北镇医无闾山最远，因此自宋代也在曲阳北岳庙附祭医巫闾，这是遥祭北镇，而不是北岳，但被附会为遥祭浑源北岳。

祭祀五岳是古代官方大典，但一直到《元史》的各朝正史中，都没有恒山与浑源有关的记载。那时浑源的恒山，被称作玄武山、高氏山（高是山）、崞山。直到清顺治十七年（1660 年），官方改祀北岳恒山于浑源后，浑源恒山的名分才被确定下来。与之相反的是，曲阳恒山的名称，则逐渐被大茂山、神尖山（神仙山）等代替了。

那么曲阳恒山为什么会被浑源恒山代替呢？不少专家进行了分析，他们认为主要的原因是，在边境战争压力之下，

近景是雁门关外的恒山上的明长城，是内长城的一段，远望山脚下的城池是山西省朔州山阴县境内的旧广武古城，该古城始建于辽代，经明、清两代修葺，是扼守雁门关要冲的重要据点。

在古恒山山下的上祠以及曲阳城的下祠祭祀北岳都发生了困难，而且祠庙遭受破坏，加上金朝将大茂山划到新置的阜平县境内，导致了北岳与北岳庙在地理认知上的分离，使北岳的文化意识在当地被淡化；浑源恒山受五代、北宋的战争影响较小，且有曲阳恒山的一些寺观在战乱中迁徙至此，加上浑源恒山原称“玄武山”“玄武峰”“玄岳”，而在中国传统文化中，玄武代表北方，因此在金、元时期，开始有道士称浑源玄武山为古恒、古恒岳；明朝建立时驱蒙古于塞外，但蒙古部落仍保有相当实力，与明朝长期对峙，而浑源所在的大同地区的军事地位对于明朝十分重要，使得浑源恒山的地位得以提高，而浑源州和大同地方政府此时也大力促进对浑源恒山的形象认知，例如，明成化元年（1465 年），明朝征西将军杨信出征前，去浑源恒山祭祀，结果取得对蒙古军的胡柴沟大捷，这在“土木之变”后明朝对蒙古处于劣势的背景下，对明朝无疑有重大意义，大同官员立石恒山记其功，并重修北岳祠，明政府自然也会对雄镇朔方的北岳山神有很大期待；在文化认知度上，曲阳恒山不断衰落，浑源恒山强势崛起，在经过明代多次议请北岳改祀未果的铺垫之下，山西巡抚抓住清朝皇帝刚入关的机会，上奏请“改祀北岳于浑源”，终于在清顺治十七年（1660 年），皇帝下诏“移祀北岳于浑源”。

从自然地理的角度来看，无论曲阳恒山还是浑源恒山，都处在太行山脉由近南北走向转为北东走向的转折处，且浑源恒山处在太行山的大河流唐河之源头，曲阳恒山处在唐河中游之右岸，山水皆同出一脉，虽然河北失掉了北岳恒山这一重要文化资产的名分，但在古恒山的文化地位衰微的历史时期，浑源恒山能不失时机地争取到北岳的地位，使北岳的文化遗产得以传承和发扬，还是一件幸事。

位于山西浑源恒山悬崖峭壁上的悬空寺，中国古代建筑中最奇妙的范例之一。

虽然狭义的恒山峰岳和广义的恒山山脉是有区别的，但从北岳恒山的历史变迁来看，恒山山脉作为太行山系的一部分应是顺理成章，大茂山一带的古恒山本属太行山主脉的一部分，而现在位于忻定盆地和大同盆地之间的恒山山脉，也是太行山主脉向西南方向伸出的一支，恒山向西南延续为云中山、吕梁山，向东北与小五台山相汇，因此现在的恒山山脉具有把山西东西两侧的太行山系与吕梁山系联系起来的纽带作用，天下山脉本来多交合共生，山系的划分和命名也会或多或少地依人的主观为之。

构成浑源恒山山体的主要是古生代的石灰岩层，它构成了阶梯状的多层长崖，极为壮观，浑源恒山的悬空寺是比山中的北岳庙更为有名的寺庙建筑群，寺庙依巉岩长崖而立，悬出半空，与山势峭壁浑然一体。当年徐霞客游恒山，对此景有十分精彩的描述："仰之神飞，鼓勇独登。入则楼阁高下，槛路曲屈。崖既矗削，为天下巨观，而寺之点缀，兼能尽胜。依岩结构，而不为岩石累者，仅此。"

“与天为党”的
太行山区和山中的盆地

太行断块山系这个变化多端的“跷跷板”，在它边缘翘起的部位，就形成了太行山系的诸多山脉，而在其内侧下沉的部位就是太行山的腹地及其山内的诸多断陷盆地。

太行山在平面上大体像一个两头窄、中间宽的“S”形，南边的中条山、北边的军都山宽不过二三十千米，而在汾河与豫北——冀南之间，宽可达 400 千米左右，习惯上所

谓的“八百里太行”，应该指的就是太行山的宽度，而不是它的长度，因为从中条山西南端的风陵渡到军都山东北端的白河，整个太行山延长大约2200千米，远远超出了“八百里”的概念。

在多次横穿太行山区以后，作者才体会到太行山地貌的多样性，以及它和通常所见的山脉的不同。除了真正的“山”以外，还有“原”“丘”“盆”，它们共同构成了多样的太行山。

虽然太行山的边缘被源自山中、流向山外的河流切割成许多深邃的峡谷，但当你越过山岭的主脉，进入太行山

太行山中的上党盆地景色，一马平川的绿色原野，彰显着它的富庶与丰饶。

腹地时，却是渐行渐平，宽广辽阔的山顶面，让你完全感觉不到这是在“山”里，而好像是进入了起伏和缓的浅丘平原。在我由河南沁阳经太行陉去山西晋城的路上，这种感受尤为强烈，当经过曲折的盘山路上到山顶时，远山近岭都有一个近乎一致的平缓的山顶面，村镇聚落多分布在这些平坦开阔的地面上，让人觉得眼前似乎是山外的中原景象。当冷风寒气不时扑面而来时，当向东远望平阔的山原面上突然下现深切的沟壑时，你才察觉到的确已登高攀上，进入太行山这一块的山西高原了。

仔细观察太行山内的高原，会发现它基本上是由凸起的石灰岩山丘与黄土覆盖的平地或洼地这两种微地貌组成。城镇、村落以及耕地多集中在平整的黄土塬面上，或切割不深的开阔谷地中，陵川、平顺、壶关、左权、和顺等县城，就处于这样的地形，它们的海拔一般在1000~1350 米。

在太行山区的高原上，也形成了诸多的断陷盆地，例如，晋城、长治、阳泉、灵丘、涞源等，这些盆地是太行山区人口、城镇最密集，经济最发达的地方，其中最著名的就是位于晋东南的长治—晋城盆地，这里习称上党。至少在战国时已有上党之称。例如，《战国策·卷十八赵一》中记载：“且秦以三军攻王之上党而危其北，则句注之西非王之有也”“韩恐，使阳城君入谢于秦，请效上党之地以为和”“阴使人请赵王曰，韩不能守上党，且以与秦，其民皆不欲为秦，而愿为赵”等等。对于“上党”的含义，东汉刘熙在《释名》中解释说：“党，所也。在于山上，其所最高，故曰上党。”宋代文学家苏东坡在《浣溪沙·送梅庭老赴上党学官》一词中，也有“上党从来天下脊”之句。

秦灭六国后，在南太行始设上党郡，此后上党郡这

太行山中丘陵与低山环抱的河谷盆地，许多村镇聚落都沿河谷分布。

一行政区名称一直延续到隋代。自唐代以后，上党一带的行政区名称才被潞州、泽州、潞安府、泽州府等所替代。不过，上党一名，却作为地域文脉的一个标识，长久地传承下来。长治最重要的地标，就是位于市中心的上党门，它是始建于隋开皇年间，重修于明代，先为上党郡署、后又为潞安府府衙的南大门。当我在长治闹市的车水马龙中，来到上党门前时，深为它的气势和那种历史的厚重所感染。尽管周围是喧嚣的商铺和人群，但它古朴庄重、高高耸立的城墙与钟鼓楼，依然显出一种饱含沧桑的沉静，它对于长治的意义，也许就像天安门对于北京城的意义一样。

狭义的上党专指长治所在的长治盆地，广义的上党则包括长治、长子、屯留、襄垣、潞城、黎城、高平、晋城、泽州等在内的晋东南这个太行山内的盆地带，作者将其统称为上党盆地。这些盆地的海拔一般在800~950米，与太行山以东海拔20~100米的华北平原相比，上党盆地高出了700~900米，即使与南太行山前海拔100~150的“河内”平原相比，或者与海拔350~450米的运城—临汾盆地相比，它也要高出一大截，的确可以说高高在上，以天为党。

上党盆地是太行山区的精华之地，地势平阔，水丰土沃，农产富饶，很早就为古代先民开发定居之所。独具一格的地理环境，也孕育了底蕴深厚的地域文化，仅从其丰富多彩的民间艺术形式即可见一斑。这里有上党梆子、上党落

太行山的高原面上常为黄土覆盖，这些黄土塬又常被流水侵蚀形成较开阔的沟壑，人们把这些沟壑的谷底加以平整，造就了许多耕地，这是山西陵川境内黄土沟壑中的耕地，其中还有侵蚀残余的黄土小丘。

子等地方剧种，还有上党鼓书等地方曲艺形式，上党鼓书被称为历史最悠久的北方鼓书类曲艺之一，上承宋元鼓子词的基因，又吸纳了明清以来诸多民间艺术的元素，曲调变化非常丰富，唱腔激昂悠扬，颇与太行山雄美壮阔的环境相合。

【卷三】太行大景——崔巍峥嵘的太行地貌

随着现代旅游业的兴起，人们对于太行山的地貌景观与美景，才从有眼不识太行，到重新『相逢相识』，并且开始从地质学、地理学、地貌学的角度去了解它的科学内涵。

整个太行山具有其典型意义的地貌景观组合，可称之为『太行地貌』。太行地貌包括了太行山不同段落的特殊岩石地貌，除了南太行的嶂石岩地貌、云台地貌以外，还有北太行由『老白云岩层』形成的白石山地貌以及由『古老变质岩』形成的诸如五台山、阜平天生桥那样的山岳地貌。

从景观的角度而言，太行地貌最具美学价值和观赏性的，无疑是它的长崖、曲峡和塔峰，可称之为太行山的景观三绝。

中国具有极其丰富与多样的地质遗产，而太行山是中国罕见的一个地质景观富集带，这也难怪人们从南到北在太行山建立起了如此众多的国家地质公园，使之成为了中国最庞大的独具特色的一个地质公园群落。

太行艰哉何巍巍
——古人眼中的太行山景观

太行山居于华夏文明中心区域的地位以及它雄伟壮丽的地貌景观，被历代文人名士所瞩目。但和人们常见的对那些秀丽的名山大川的沉醉与赞美不同，太行山在古代诗人的笔下，更多的是艰险、悲凉、寒苦的情景与心境，似乎没有太多的心情去演绎太行山的诗情画意，这也许和太行山冷峻苍凉的景观特征有关。从下面这些例子中可见一斑。

曹操《苦寒行》：“北上太行山，艰哉何巍巍！羊肠坂诘屈，车轮为之摧。”

李白《行路难》：“欲渡黄河冰塞川，将登太行雪满山。”

李白《北上行》：“北上何所苦，北上缘太行。磴道盘且峻，巉岩凌穹苍。”

白居易《初入太行山》：“天冷日不光，太行峰苍茫。尝闻此中险，今我方独往。马蹄冻且滑，羊肠不可上。若此时路难，犹自平于掌。”

杜甫《昔游》：“暮升艮岑顶，巾几犹未却。弟子四五人，入来泪俱落。良觌违夙愿，含凄向寥廓。林昏罢幽磬，竟夜伏石阁。王乔下天坛，微月映皓鹤。”这是杜甫描写他游王屋山的诗，其中的艮岑顶、天坛，均是王屋山的著名山峰。

王昌龄《悲哉行》：“北上太行山，临风阅吹万。长云数千里，倏忽还肤寸。”

高适《自淇涉黄河途中作》：“东入黄河水，茫茫泛纡直。北望太行山，峨峨半天色。山河相映带，深浅未可测。自昔有贤才，相逢不相识。”

于谦《夏日过太行》：“信马行行过太行，一川野色共苍茫。云蒸雨气千峰暗，树带溪声五月凉。世事无端成蝶梦，长途随处转羊肠。解鞍磐礴星轺驿，卻上高楼望故乡。”

相比之下，宋代文学家苏东坡、清代著名词人纳兰性德似乎更舒放洒脱一些，苏东坡在《雪浪石》中咏到：“太行西来万马屯，势与岱岳争雄尊。飞狐上党天下脊，半掩

落月先黄昏。削成山东二百郡，气压代北三家村。千峰石卷矗牙帐，崩崖凿断开土门”。纳兰性德在《扈驾西山》中写道：“凤翥龙蟠势作环，浮青不断太行山。九重殿阁葱茏里，一气风云吐纳间。”

无论如何，也许正是太行山这种雄峻苍凉、壮怀激越的风骨，才孕育了中国北方的一种历史文化精神，它正可以用“风萧萧兮易水寒，壮士一去兮不复还”来歌之咏之。

北太行的塔峰地貌景观，云烟绿树巉岩，展现出了太行山在雄浑苍凉之外，还有清秀飘逸的一面。

太行山的“多层蛋糕”地质结构

如果把太行山喻为一块蛋糕，那么层层叠置、不同年代、不同景观的地层岩石，就像不同原料、不同口味的蛋糕层，使太行山在不同高度、不同段落给予人们不同的观感和不同的体味。太行山“蛋糕”由下往上大致可分为 6 层：

古老变质岩——最底层的太行山“根”，是形成于距

今约 18 亿年至 30 亿年的太古代至中元古代的片岩、片麻岩、大理岩等岩石，它不仅是太行山最古老的岩层，也包含了中国大陆不多见的最古老的岩石之根。

红色嶂石岩——第二层，形成于距今 18 亿年至 15 亿年之间的红色石英砂岩层，属于中元古界长城系，它覆盖在“古老变质岩”之上，在地貌上形成被誉为“万丈红绫”的赤壁长崖，1992 年，郭康以河北赞皇县嶂石岩为典型，将其命名为“嶂石岩地貌”。

白色石灰岩——第三层，“白色石灰岩”是一种简单

太行山层层叠叠的岩层，就像亿万年地质历史的书页，记录了山海巨变的沧桑。

的概称，实际上它包括了石灰岩、白云岩等多种可溶的碳酸盐类岩石。在时代上它又分为两段，较老的一段形成于距今 14 亿年左右至 10 亿年左右，属长城系至蓟县系，主要是白云岩，可简称“老白云岩层”；较新的一段形成于距今 6 亿年左右至 4 亿年左右，属寒武系至奥陶系，主要是石灰岩，可简称“新石灰岩层”。

黑色含煤层——第四层，形成于距今 3 亿年左右至 2 亿 5 千万年左右，包括石炭系至二叠系，当时的太行山处在海陆交互的环境，植物繁茂，所以成为重要的成煤期。它覆盖在“白色石灰岩”之上。太行山乃至华北之所以成为中国最重要的煤炭基地，正是由于这层黑色含煤层的存在。

中生代岩层——第五层，形成于距今 2 亿 5 千万年至 1 亿 4 千万年之间，包括有三叠系、侏罗系，它是当时太行山地区完全进入大陆环境以后的泥沙及火山物质堆积而成。

新生代黄土——第六层，主要形成于距今 200 多万年以来的第四纪，广泛堆积在太行山的盆地里及高原面上。

多层“蛋糕”并不是每一层都在太行山均匀分布，这有两种情况：一种情况是这一层原本普遍存在，但受山体构造的影响，或可见或不可见。例如，古老变质岩在王屋山以东、武安以南，由于常常被上覆的更新的岩层所掩压而难见踪影。在太行山南延的王屋山、中条山，以及河北武安以北的太行山才大面积出露；新石灰岩层在王屋山至中条山，以及山西五台—河北平山以北，由于山体抬升与变形的幅度较大，它多半被剥蚀掉了，因此它主要分布在山西五台—河北平山以南、王屋山以东的太行山区；黑色含煤层主要分布在太行山山内及边缘的盆地中，也

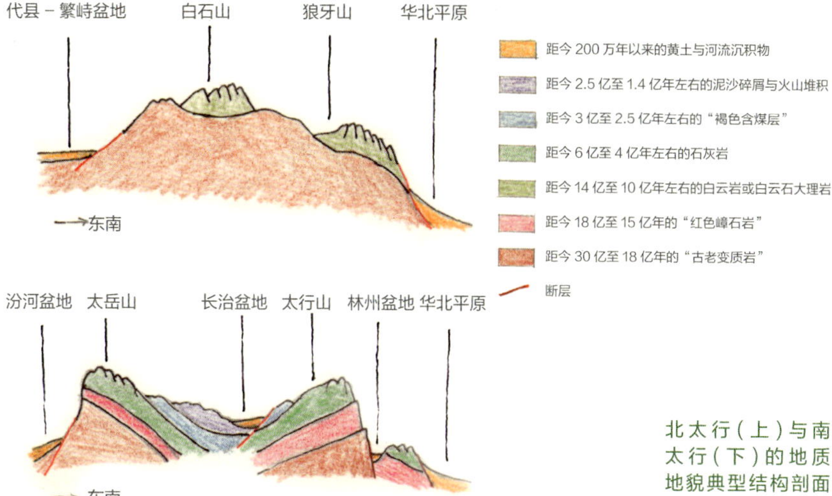

北太行（上）与南太行（下）的地质地貌典型结构剖面示意图。

是因为太行山主脉的山体抬升强烈，含煤层多遭受剥蚀，而它只有在沉陷的盆地中才得以保存，而这些盆地恰恰是人类的集聚地，正好有利于对煤炭的开采，可谓天造地设。另一种情况是这一层在某些地段原本就不存在。例如，在河北平山以南，“老白云岩层”缺失。因此，如果从地质结构来看，南太行与北太行的分界线，应大致划在山西五台至河北平山一线。因为这样的差异，在南太行、西太行，新石灰岩层直接覆盖在红色嶂石岩之上，而见不到老白云岩层。

太行山这块多层“蛋糕”抬升时，并没有发生很大的倾斜，所以“蛋糕”的每一层保持了近于水平的状态，在河流上游地形较平坦的高原面上，常常只能看到表层的白色石灰岩，当河流水系穿过太行山主脉的剧烈坡降地带时，就会由表及里，把“蛋糕”一层层地切开，刻蚀出深深的峡谷。比如，越靠近太行山东南坡的山前平原，峡谷也越深，见到的“蛋糕”层数也越多，从上往下，白色石灰岩、红色嶂石岩、古老变质岩，常常会依次展现出来。

从景观的角度来看，古老变质岩似乎乏善可陈，山景相对平淡无奇，仅河北阜平县的天生桥景区是一个例外。但古老变质岩是太行山最重要的铁矿产出地，它和黑色含煤层一样，虽然对景观贡献不大，但却在矿产资源方面使人类获益良多。而红色嶂石岩和白色石灰岩才是太行山最重要的成景岩石。由于这两种岩石具有刚强硬脆的性质以及水平和垂直两个方向的裂隙对岩层形成立方体状的切割，再加上太行山山体快速抬升使河谷来不及向两侧充分展宽就迅速下切，所以造就出了又窄又深的峡谷，以及峡谷两岸棱角分明、笔直如削的崖壁。

太行山山体上部最常见的石灰岩岩层露头，它常常形成许多奇妙的造型。

万丈红崚的嶂石岩地貌

1972 初夏，河北省科学院地理研究所的郭康和几位画家到太行山写生。深夜他们来到河北省井陉县苍岩山住下，当次日清晨开门见山时，突现于眼前的红色山崖让他们大为震惊。由此，引发了郭康等一批地理科学家研究这种特殊地貌景观的兴趣。1988 年，河北省赞皇县政府委托河北省科学院地理研究所对嶂石岩地区进行旅游资源开发规划研究，在嶂石岩地区引起人们关注的也正是郭康他们在苍岩山看到那种红石崖地貌，它是丹霞地貌，还是张家界地貌，或是喀斯特地貌？人们的看法莫衷一是。

利用在嶂石岩地区作旅游规划的机会，郭康等开始对这种红石崖地貌进行全面系统的研究。1992 年，郭康在《地理学报》上发表《嶂石岩地貌之发现及其旅游开发价值》一文，以河北赞皇的嶂石岩作为典型地点，将这种太行山特有的红石崖地貌正式命名为嶂石岩地貌。

任何一种特殊的地貌类型，总是由特殊的岩石构成，并具有特殊的景观形态，而且往往受到特殊的地表风化侵蚀作用影响，分布在特定的地区。例如，只有石灰岩经过水的溶蚀，才能产生石芽、石林、峰丛、溶洞等构成的喀斯特地貌，它往往分布在有足够的降雨，而且地表水和地下水能够充分流动循环的地区；红色的砂岩、砾岩经过地表流水侵蚀和重力崩塌，才会形成丹霞地貌，它主要分布在中国南方热带、亚热带的红层盆地中，而且这些红色的砂岩、砾岩主要是白垩纪时的内陆湖泊、河流沉积。

嶂石岩地貌之特殊，也是因为它由仅分布于太行山区的红色嶂石岩所形成。这种红色嶂石岩，在地质学上被称为红色石英砂岩，它曾是距今 18 亿年至 15 亿年时，远古海洋里沉积的沙子，后经深埋、压实形成岩石，在地层系统中属于中元古界长城系，在不同的地方，它还有不同的地层名称，在河北被称为常州沟组和串岭沟组；在山西、河南，除了常州沟组、串岭沟组之外，还有兵马沟组、云梦山组、白草沟组、北大尖组等。由于红色嶂石岩形成的时代久远，在深埋的地下受较高的温度和压力影响，岩石中原来的石英砂粒等矿物颗粒彼此镶嵌焊结，形成了石英岩化的砂岩，它远比形成丹霞地貌的中生代红色砂岩要坚硬得多，因此在外力的侵蚀下，它表现出来的地貌形态也有很大差异。

红色嶂石岩是太行山“多层蛋糕”中靠近底部的一层，只有当峡谷深切，或覆盖在上面的白色石灰岩被侵蚀剥掉以后，它才会暴露出来。除了这种地貌的命名地——河北赞皇嶂石岩乡以外，在河南省的修武县云台山、辉县关山、辉县万仙山、林州市林虑山等地，在山西省的陵川县马圪当、陵川县锡崖沟、陵川县王莽岭、黎城县黄崖洞、左权县观音垴、昔阳县龙岩峡等地，在河北省的临城县天台山、井陉县苍岩山、平山县天桂山等地，都可以见到壮观的嶂石岩地貌。

嶂石岩的“嶂”字，其字意是形容山势如屏如障，而

壁立刚直，如劈如削的长崖，是嶂石岩地貌最典型的特征，而嶂石岩特有的红色，在霞光的渲染之下，把长崖的庄严华丽表现到极致。

嶂石岩地貌最主要的特征，正是它笔直陡立、连绵不绝的石壁长崖，虽然在赞皇嶂石岩，这个石崖本身还有几个台阶，被人们称为“栈”，但往南到了万仙山、回龙沟、锡崖沟、马圪当等地，几乎都是一壁到底的大悬崖，其高度可达数百米。由于红色嶂石岩这种砂岩在古海洋中沉积时，处在比较开放的浅海氧化环境，所以沉积的铁质多成为具有红色色调的高价氧化铁，它给岩石染上了鲜明的红色，而且由于嶂石岩的岩层除了以紫红色为主外，往往还有浅红、紫、灰白、黄等多种色调变化，因此红色的崖壁就具有不同色带构成的极富装饰美的纹理。嶂石岩景观素被称为“万

红色嶂石岩中的条纹和层理，配合着岩石风化的裂解，进行着变化多端的地貌雕塑。

丈红崚”，崚者，形容山崖高峻重叠，其实“崚”又何尝不可作“绫”，鲜亮壮丽而又极富纹理之美的长长山崖，也正像飘逸舞动于天地之间的万丈红绫。

红色嶂石岩之上叠置着寒武系至奥陶系的石灰岩层，石灰岩层也可形成壮观的悬崖与深谷，它与红色嶂石岩相伴出现，大大加强了峡谷与山崖那种高险雄峻的效果。但由于红色嶂石岩的岩性比石灰岩层更为坚硬，所以当流水等外力侵蚀作用的“刻刀”，把石灰岩层剥去，而遇上嶂石岩时，它的推进速度就大大减缓下来。由于石灰岩层相对较易被侵蚀，它形成的悬崖后退更快，石灰岩层下面就

嶂石岩长崖中的多级台栈，因台栈面上植物的生长，看上去就像挥洒在红绫上的写意笔墨。

会露出嶂石岩构成的硬底，也就是说，嶂石岩的顶面就很容易形成一个宽阔的平台，而这个平台，就构成了南太行耕地、村庄最集中的聚落带之一，河南辉县万仙山的郭亮村等村落，就是其典型代表。这里的居民因地制宜，取红色嶂石岩为材，建造出具有太行山特色的石构民居，不仅垒石为墙，而且还利用薄层的嶂石岩岩层，开采为石板，用作屋顶瓦板等房屋构件，这些石板上往往还保留有古海洋浅滩环境中形成的波痕构造，波纹起伏，美轮美奂，成为嶂石岩以及太行民居的一个显著标记。

红色嶂石岩形成的这个平台，前临绝壁，后倚悬崖，成为一个仿若世外桃源的独立空间。北京大学的俞孔坚教授，曾经以河南林虑山的王相岩为例，指出这种居高临下，既可凭险自保，又足以生息繁衍的空间环境，成为了古代人类的理想领地，历代也有不少名士流连于此，隐遁修身。王相岩之得名，即因商朝武丁王时期的宰相傅说早年曾居于此山中，后出山辅佐武丁，使商王朝得以强盛。后人为纪念他，即把傅说居住过的红色嶂石岩山崖称为“王相岩”。

郭康当初定义嶂石岩地貌时，是专指这种红色石英砂岩形成的地貌，其形态特征是：丹崖长墙、阶梯状陡崖、嶂谷、棱角鲜明的块状造型。下伏的古老变质岩，是嶂石岩地貌的基座；上覆的新石灰岩层是嶂石岩地貌的顶盖。郭康认为，只有当外力侵蚀作用把上面的石灰岩层顶盖剥蚀掉，并触及到红色嶂石岩时，嶂石岩地貌的形成与成景过程方才开始。

但在南太行，新石灰岩层与红色嶂石岩常常相伴相随，嶂石岩地貌并未能完全包括南太行的整个地貌景观。因此，又有了“云台地貌”乃至“太行地貌”的提出。

岭谷层叠、天瀑高挂的云台地貌

2003~2005 年，一些地质学者在对南太行的河南修武云台山地质公园的研究中，正式提出了“云台地貌”这一概念。但不同的学者所说的“云台地貌”其涵义并不相同。在云台山地质公园中，有一条主干河流——子房河，从平均海拔 1100~1300 米的太行山高原面切割而

高 314 米的云台天瀑，瀑布从太行山山体上部的石灰岩长崖飞泻而下，由于瀑布的强烈冲蚀，崖壁不断后退，形成弧形长崖及瓮形山谷，这是“云台地貌”的典型特征之一。

下，穿过太行山东南缘的中山至低山区，流入山前平原。在子房河下游的峡谷中，也露出了红色嶂石岩，形成了云台山地质公园里的著名景观——红石峡，而在红石峡的嶂石岩之上，石灰岩层构成的景观也同样不凡，子房河及其支流在流经石灰岩层的陡崖时，形成许多瀑布，其中以高 314 米的云台天瀑最为壮观。河南省地矿局的张忠慧、郭友琴、王凤云等将发育在云台山新石灰岩层中以长崖、瓮谷、围谷、悬沟、深切嶂谷等为特征的地貌组合称之为“云台地貌”，他们注意到，云台山虽然有如此厚大的石灰岩层，但却并未发育成像华南地区那样的以石林、天坑、峰丛、峰林为特征的喀斯特地貌。这是因为太行山快速抬升，形成喀斯特地貌的溶蚀作用来不及在地表充分进行，因此以“长崖—瓮谷”为标志的云台山的新石灰岩层地貌，更多地受到构造抬升、重力崩塌作用的影响。

郭康等后来也意识到，红色嶂石岩上覆的新石灰岩层对南太行整个地貌的构成有重要影响，因此他们对嶂石岩地貌的定义也发生了一些变化，在 2007 年出版的《嶂石岩地貌》一书中，提出了狭义和广义两种嶂石岩地貌的概念。狭义的嶂石岩地貌，即最初定义的红

云台山国家地质公园里的红石峡（温盘峪），红色嶂石岩河床上的陡坎与跌水。

色嶂石岩形成的地貌，郭康等仍然认为它是“真正的嶂石岩地貌”；而广义的嶂石岩地貌则包括了上覆的新石灰岩层，郭康等认为广义的嶂石岩地貌反映了红色嶂石岩分布区的大地貌问题。

中国地质科学院研究员、联合国教科文组织世界地质公园评审委员赵逊，曾率领科研组，对云台山的地貌作了很深入的研究。他提出的“云台地貌”，并非特指云台山的新石灰岩层形成的地貌，而是指整个云台山地区以阶梯状的层状山体和多样的河谷形态表现出来的地貌组合。赵逊所说的“云台地貌”，实际上包含了郭康所指的嶂石岩地貌和张忠慧等所称的“云台地貌”，但赵逊并不是从特殊的岩石类型及其景观来定义云台地貌的，他是从云台山地区的整体地貌结构，来说明它的地

红色嶂石岩在太行山的河谷中常常形成陡坎，使河流在此突然出现浅滩和跌水，当地人把这种地形称为“断”。

貌特殊性。所谓的层状山体，是指云台山一带由海拔大于 1100 米的最高一级山顶平面，到海拔 300~800 米的第二级山顶平面，再到海拔小于 200 米的山前平原。这两级地形阶梯其实大致可以和红色嶂石岩及新石灰岩层的顶面相对应，在每一级阶梯的转折处，都有长崖构成的地形陡坎，河流穿过陡坎时，便形成瀑布，而河谷由上游往下游，也逐渐由宽谷变为峡谷，并且由于地壳的多期抬升和岩性变化，形成峡谷之中还有更深更窄的嶂谷这样的“谷中谷”。

太行地貌
——集多种岩石地貌之大成的断块构造地貌

郭康等提出的“嶂石岩地貌”以及张忠慧等提出的“云台地貌”，都是太行山的岩石地貌之一。赵逊等提出的“云台地貌”，是指南太行的云台山一带，包括多种岩石地貌在内的整体地貌组合。这种地貌组合在整个太行山具有一定的普遍性，其标志性的特征显然超出了云台山的范围，但赵逊未明确表述这种地貌组合与局部岩石地貌的关系。同时，赵逊等使用的“云台地貌”与张忠慧等使用的“云

台地貌”同名异义，容易引起混乱。

河南省地质调查院的樊克锋、杨东潮，中国地质科学院的陈安泽，都曾提出过在嶂石岩地貌、云台地貌的基础上，建立太行山地貌系统或太行地貌的意见。樊克锋等认为，太行山地貌系统是以新构造运动抬升为地质背景，以崖台叠置为特征的一种阶梯状地貌，它以峡谷地貌和广泛分布的长崖断壁等为主要景观。樊克锋等的“太行山地貌系统”与赵逊等的“云台地貌”，实际上都是在局部岩石地貌的基础上，对太行山大地貌系统的一种概括和认识。

作者赞同将整个太行山具有典型意义的地貌组合称之为“太行地貌”，由于整个太行山多次强烈的断块抬升作

太行山的红色嶂石岩主要由石英砂岩构成，但也有少量砾岩，这是红色嶂石岩中砾岩的露头，岩石可见大大小小的白色或灰岩的砾石，它是远古地质时期河流堆积的沙砾硬化以后形成的岩石。

红色嶂石岩形成的阶梯地形，但对于想要攀登太行山的人们来说，这种天然阶梯的跨度实在太大了。

用以及整个太行山都处于暖温带半干旱半湿润的气候环境，所以太行山地貌的形成表现出一些共同特点：水系的快速下切、沿岩层的垂直裂隙面发生强烈的重力崩塌、岩石风化以流水冲刷、寒冻碎裂等物理作用为主，而流水溶蚀、生物土壤分解等化学风化作用较为次要。因此，尽管在太行山的不同段落，岩石种类和性质不同，但它们在地貌形态上又表现出某种共性，也就是说，无论山体由哪一种岩石构成，我们都可以看到一些类似的特征，例如：多级山顶平台、山崖平台、山崖陡坎组成的阶梯状地形；高峻壁立、连绵不绝的长崖；长崖三面围合而形成的围谷或瓮形山谷；婉转深幽的曲流峡谷；一线天式的地缝或深涧那样的隘谷或嶂谷；棱角鲜明、嶙峋峥嵘的塔状峰丛、岩垴、岩墙、孤峰、石柱等，这些都是太行地貌中最具代表性的景观类型。

当然，断块构造形成的山岳地貌并非太行山独有，例如华南地区的武陵山与雪峰山，像太行山一样，也是中国第二级和第三级地形阶梯的“台阶”转折处，它形成了与太行地貌以及嶂石岩地貌颇为相似的张家界地貌（或称武陵源地貌），武陵山的山体结构甚至也和南太行非常相似，下层是较为坚硬的石英砂岩，上层是较易溶蚀的石灰岩，但它们的地质年代要年轻得多，石英砂岩和石灰岩分别沉积于 4 亿多年前的泥盆纪和 2 亿多年前的二叠纪。张家界地貌也是上层的石灰岩层被剥蚀掉以后，下层的石英砂岩层遭受侵蚀而形成，这和嶂石岩地貌也有相似之处。但不同的是，在太行山，嶂石岩层多保持了它的完整性，形成宽阔的平台以及连绵的长崖；在武陵山，石英砂岩层之上的石灰岩层喀斯特地貌发育得更好，岩层被溶蚀剥蚀的程度更高，而石英砂岩层本身遭受的侵蚀也更强烈，多被切割分离，因而形成壮观的峰林。这反映了在华南亚热带地区，地表流水侵蚀和化学溶蚀作用更强。因此，虽然同是断块构造山地，与区域上的武陵山、雪峰山等山脉相比，太行地貌的确有它的独特之处。

坚硬的岩层在山脊上形成塔状或墙状的石峰，可称之为塔峰或墙峰，这是太行山最常见的地貌。

长崖

——太行山的景观三绝之一

长长的悬崖连绵不绝，这是太行山最具标志性，也是最容易看到的景观。在南太行，长崖既可由山体下部的红色嶂石岩构成，也可由山体上部的新石灰岩层构成，也可由这上下两部分的长崖重叠而成，而且这种“双重”长崖的崖顶，常常也是南太行东缘的主脊，这一天然的地理屏障，

也构成了山西与河北、或山西与河南之间的省界。在北太行，长崖则主要由老白云岩层构成。

我和同伴曾由河北临城县向西，去往赞皇县的嶂石岩乡，经过崆山白云洞景区、郝庄镇，在石家栏转入县乡道，向西由孟家庄一带翻山，这是太行山东缘由古老变质岩构成的一列山岭，山岳峰峦并无特别之处，但很高峻，盘山公路颇为惊险，在山顶眺望东边起伏的低丘和平原，一片苍茫。过山垭口后，一路下行，便到了槐河的河谷底，这里有村庄名楼底，已属赞皇县辖地。槐河夹在两列大山之间，西边便是由红色

红色嶂石岩形成的长崖尤其在南太行几乎无处不见，但再坚硬的岩石，在大自然旷日持久的风化作用下，也会慢慢分解破碎，从而在地形上完成从整体到切割、分离的演变。

嶂石岩和新石灰岩层构成的长崖，由北向南延伸长约11千米，在冻凌背至嶂石岩乡一线最为壮观，仅是下部红色嶂石岩长崖的相对高度就可达500~700米，如加上上部的新石灰岩层部分，陡崖的相对高度可达1000米左右，在槐河谷底，有高崖压顶、遮天蔽日的感觉。嶂石岩乡有步行道依长崖曲折而上，沿途多有山崖上崩塌下来的巨型石块耸立，因时间关系，我们只往上走了一段，便转回去索道站，虽然正是淡季，且已近傍晚，没有其他游客，索道站的工作人员还是专门为我们启动了机器。由索道上俯瞰长崖又是另一番感受，尽管由于岩石的软硬变化，在长崖上形成了多个台阶，被当地老乡称为"栈"，但这些台阶都不宽，因此整体上并不影响长崖在垂向上的连续气势。索道上站刚好位于红色嶂石岩和新石灰岩层之间的台阶附近，夕阳下，红色的山崖显现出更加夺目耀眼的金红色，向东边望去，槐河东侧古老变质岩的山岭上，还有经过侵蚀以后残留的红色嶂石岩层，它们呈孤立的岩垴、石峰、石墙、石柱，突出于山顶，落日的余晖也给它们勾勒出金色的轮廓。

当沟谷在岩层中侵蚀切割时，长崖也会随着崖面的后退或谷地的弯转而发生弯曲转折，从平面上看，这种曲折弯转的悬崖线就像太行山缘千褶百皱的花边，当你深入这

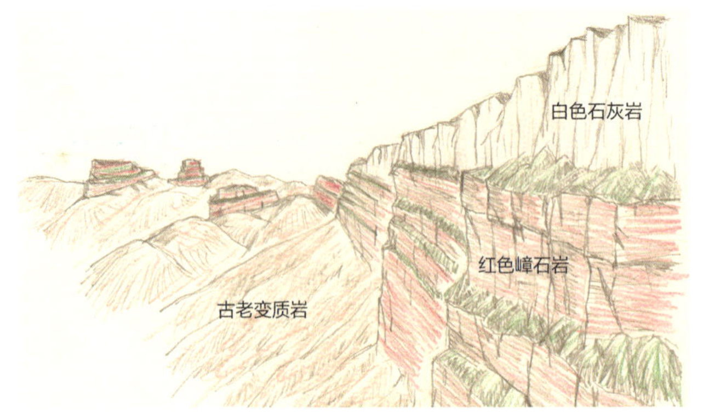

河北赞皇县嶂石岩乡附近的地貌景观素描图（由北向南望），可以看出从下到上，由古老变质岩、红色嶂石岩、白色石灰岩等不同岩层所构成的地貌形态。

照片中既可以看到山体下部的嶂石岩与山体上部的石灰岩之间的明显台阶，也可以看到随着山坡的弯曲，嶂石岩的长崖像裙边一样曲折弯转。

些长崖围成的峡谷，就会真切地感受到“山重水复疑无路，柳暗花明又一村”的意境。

当我由豫北的修武、辉县一带向西进入太行山时，看到由红色嶂石岩和新石灰岩层构成的长崖，几乎就是直接挺立在山前，俯临中原大地。这里有子房河（纸坊河）、峪河（磨河）、石门河、淇河等诸多河流穿太行山而出，长崖也顺着这些河谷逶迤蜿蜒，错落屏列，更显出一种层次的变化。在辉县石门河上游的九莲山景区，就把一段这样的长崖景观命名为“绝壁长廊”。而河流横穿长崖形成的瀑布，也成为太行山的一大奇观，其著名者，除了上文已提到的子房河上游的云台天瀑以外，在辉县境内，在石门河上游有高 157 米的八里沟（龙口）瀑布、万仙山景区高 120 米的磨剑峰瀑布、淇河上游高 80 余米的齐王瀑布等。这些瀑布不过是规模较大者，由于太行山众水汇聚，东下平原，因此在峡谷中往往是绿荫浓密、群瀑纷飞，令人如入江南的秀丽山水之间。

定的流向了，河道开始在地面作自由地摆动，使曲流得以充分发展，这就是曲流常见于开阔平坦而又松软的冲积平原上的原因。但是，当你在太行山主脉中，发现深切在坚硬的石灰岩层中的幽深峡谷，竟然也出现九曲回肠、百折千绕的曲流时，就不能不感叹天下曲流竟能达到如此奇异和极致的境地！这已不是一般的曲流和峡谷，我把它称为曲峡，即曲流之峡。

太行山最可观的曲流之峡，都分布在河流横穿太行山主脉形成的最深峡谷段，并且以这些峡谷段的出山口为终点。它既包括一些规模较大的主干河流，例如沁河、丹河、淇河、浊漳河、清漳河、唐河、拒马河等，也包括这些主干河流的许多支流。

有趣的是，古人也很早注意到了曲流这种现象，在春秋战国时的古籍《管子》中，就有关于曲流的论述：“水之性，行至曲，必留退，满则后推前。地下则平行，地高则控，杜曲则捣毁。杜曲激则跃，跃则倚，倚则环，环则中，中则涵，涵则塞，塞则移，移则控，控则水妄行，水妄行

太行山主要河流的曲流峡谷平面轨迹示意图，包括：山西阳城炼上至河南济源五龙口的沁河河段；山西泽州东交河至河南博爱青天河的丹河河段；山西灵丘隘门峡的唐河河段；河北涞水三坡至北京房山张坊的拒马河河段；河北涉县合漳至河南安阳南阳城的漳河河段；山西灵石太岳山的仁义河河段。

照片中既可以看到山体下部的嶂石岩与山体上部的石灰岩之间的明显台阶，也可以看到随着山坡的弯曲，嶂石岩的长崖像裙边一样曲折弯转。

些长崖围成的峡谷，就会真切地感受到“山重水复疑无路，柳暗花明又一村”的意境。

当我由豫北的修武、辉县一带向西进入太行山时，看到由红色嶂石岩和新石灰岩层构成的长崖，几乎就是直接挺立在山前，俯临中原大地。这里有子房河（纸坊河）、峪河（磨河）、石门河、淇河等诸多河流穿太行山而出，长崖也顺着这些河谷逶迤蜿蜒，错落屏列，更显出一种层次的变化。在辉县石门河上游的九莲山景区，就把一段这样的长崖景观命名为“绝壁长廊”。而河流横穿长崖形成的瀑布，也成为太行山的一大奇观，其著名者，除了上文已提到的子房河上游的云台天瀑以外，在辉县境内，在石门河上游有高 157 米的八里沟（龙口）瀑布、万仙山景区高 120 米的磨剑峰瀑布、淇河上游高 80 余米的齐王瀑布等。这些瀑布不过是规模较大者，由于太行山众水汇聚，东下平原，因此在峡谷中往往是绿荫浓密、群瀑纷飞，令人如入江南的秀丽山水之间。

曲峡
—太行山的景观三绝之二

太行山另一大绝景就是曲流之峡，这也是在太行山的考察中，最让我意外也是最让我感到兴奋的景观。当身临曲峡其境时，总有一种发现的激动以及叹为观止的惊异。

一般情况下，江河的曲流主要发育在地势平坦的冲积平原上或高原上，例如，长江中游荆江段的九曲回肠，川

太行山中的曲流峡谷，两岸是石灰岩构成的崖壁。因水库蓄水抬高了水位，使峡谷的幽深略有减色。

西高原上黄河的九曲十八弯。在一些岩质较松软的丘陵地区也有完美的曲流形成，例如，四川盆地红色丘陵中的嘉陵江曲流、晋陕黄土高原的黄河曲流等。

曲流，又称河曲或蛇曲，是河流地貌中，最引人注目也是最富有诗情画意的景观，特别是在一些大河中下游的冲积平原上，例如北美洲的密西西比河，南美洲的亚马逊河，欧洲的多瑙河，非洲的尼日尔河，亚洲的鄂毕河等。

水往低处流，可是当河流进入地势极为平缓，坡降很小，而且河床的底质又很松软的地区时，河流似乎就找不到确定的流向了，河道开始在地面作自由地摆动，使曲流得以充分发展，这就是曲流常见于开阔平坦而又松软的冲积平原上的原因。但是，当你在太行山主脉中，发现深切在坚硬的石灰岩层中的幽深峡谷，竟然也出现九曲回肠、百折千绕的曲流时，就不能不感叹天下曲流竟能达到如此奇异和极致的境地！这已不是一般的曲流和峡谷，我把它称为曲峡，即曲流之峡。

太行山最可观的曲流之峡，都分布在河流横穿太行山主脉形成的最深峡谷段，并且以这些峡谷段的出山口为终点。它既包括一些规模较大的主干河流，例如沁河、丹河、淇河、浊漳河、清漳河、唐河、拒马河等，也包括这些主干河流的许多支流。

有趣的是，古人也很早注意到了曲流这种现象，在春秋战国时的古籍《管子》中，就有关于曲流的论述："水之性，行至曲，必留退，满则后推前。地下则平行，地高则控，杜曲则捣毁。杜曲激則跃，跃则倚，倚则环，环则中，中则涵，涵则塞，塞则移，移则控，控则水妄行，水妄行

太行山主要河流的曲流峡谷平面轨迹示意图，包括：山西阳城炼上至河南济源五龙口的沁河河段；山西泽州东交河至河南博爱青天河的丹河河段；山西灵丘隘门峡的唐河河段；河北涞水三坡至北京房山张坊的拒马河河段；河北涉县合漳至河南安阳南阳城的漳河河段；山西灵石太岳山的仁义河河段。

由于太行山区的降雨多集中在夏季，所以此时的峡谷河流极易出现山洪暴涨的现象。

则伤人。”意思是，因水的天然之性，河流到弯曲处，因流动受阻会发生滞留和迴流，使水壅高并产生向前的推力。河床低平时水流平缓，河床陡峻时水流湍急，当河流经过弯曲河道时，都会向侧方掏蚀河岸，河流在弯曲河道受阻也会激荡翻腾，并偏转形成环流，使水流得以缓冲，但又易形成泥沼水泽，使河道堵塞，水流又要另找出路，以至泛滥成灾。

沁河是南太行的一条主干河流，源于山西沁源县境内的太岳山东坡，由北向南穿过太行山腹地和南太行主脉，它是太行山曲流最发育的河流之一。清代学者顾祖禹称之为“屈曲周回，水道九百里”。沁河流经山西的沁源、安泽、沁水、阳城、泽州，在河南济源市的五龙口出山，穿过河南济源、沁阳、博爱、温县、武陟一带的河内平原，在武陟县嘉应观南侧汇入黄河，全长 485 千米。

沁河曲流从地貌特征来看，大致可分为两段，一段是从沁源的交口至阳城的润城；另一段是从润城至济源的五龙口。

润城以上，曲流主要蜿蜒在丘状起伏的太行山高原上。当我沿着沁水县郑庄至安泽县和川一线的沁河行走时，感觉就像是来到了四川盆地嘉陵江曲流穿过的红色丘陵，只是这里海拔在 600~1000 米，地势要高得多。沁源县白石至安泽县大渠、安泽县西里至沁水县端氏，是曲流发育最好的两个河段，这里河谷开阔，耕地和村庄主要集中于河湾凸岸的阶地或滩地上，村庄的规模也较大。时值夏末，一马平川的曲流河滩上，或是大片黄绿色的玉米地，或是树荫下红瓦粉墙的村落，倒映于平缓而清澈的湾流中。沁源、安泽、沁水、阳城等县城皆临沁河或沁河的大支流而居，公路也沿河谷而行。

润城至五龙口，沁河穿越了南太行主脉，这里才是最壮观的沁河曲峡所在的河段，沁河以及沁河两岸的诸多支流，千回百转，深切于古生代的新石灰岩层中，两岸坡度陡峭，地形狭窄，再无县城和乡镇靠河分布，村落大多散布在两岸的高坡上，公路也在两岸的山梁上绕行，只有山西侯马市至河南博爱县月山镇的侯月铁路，凭借长长的隧洞和桥梁，在这段曲峡中穿行。

唐代大诗人白居易早就在五龙口附近观察到了这种曲流峡谷的景象，并赋诗道：“孔山刀剑立，沁水龙蛇走”，生动描述了曲峡两岸尖峰矗立，曲峡之中沁河蜿蜒的景象。

处在地形陡坎上的山区河流，河道一般都很平直而且坡降很大，例如我们在长江三峡看到的那样，但为什么沁河在如此深邃的峡谷中仍然能自由地摆动而形成曲流呢?

现代地貌学的研究认为，这种曲流原本已在早期的古平原面上形成，在太行山，这个古平原面就是现在的高原面，随着山体抬升、河流下切，河谷形态继承了早先的曲流河道。在河谷逐渐深切的过程中，曲流的弯曲状态可以不再变化，但也可以继续摆动并进行侧向侵蚀，使曲流的弯曲度继续加大，是为“变形深切曲流”。当曲流的弯曲度也就是曲率不断加大的时候，曲流的颈部就会越来越窄，使曲流包绕的山丘成为一个半岛，而且这个半岛的颈部越来越细、越来越低，最终会导致河流将这个半岛或曲流的“颈部”冲断，造成自然的“截弯取直”，原来的半岛就会因新河道的分割而成为一个岛状孤丘，这就是离堆山。

曲峡之中的曲流半岛，因山势陡峭，加上曲流颈部低矮狭窄的凹口使它不与四周的山岭相连，即使曲流颈部还未被冲断，它看上去也很像一个被曲流环绕的离堆山，我把它称之为曲峡孤山。

从沁河穿越太行山主脉的曲峡河段来看，它的弯曲度甚至超过润城以上丘状高原的曲流，因此，应该属于深切的变形曲流，这里有许多绝色美景。例如，被很多旅游者、摄影爱好者称为“沁河第一湾”的寨后—土岭曲流河段，就是一个极为完美的椭圆形河湾，它包绕着寨后村所在的曲峡孤山，由于河湾曲率的不断加大，在这个孤山后端的曲流颈部已形成一个又低又窄的山凹口。寨后村位于孤山前端的曲流凸岸，对面凹岸的山岭上有土岭村，土岭村旁有观景台，可俯瞰整个曲峡河湾。放眼望去，太行山群峰之中，沁河如玉环深嵌，寨后曲峡孤山就像一只头北尾南蛰伏的巨鲸，那个似乎将被沁河冲断的曲流颈部，就像是向后突然收窄的鲸尾。寨后村依半岛前缘的斜坡而建，民居、村巷、梯田皆依河湾与半岛的山水之势作优美的曲线延展，山水之绝、天人之合，尽在其中。

造型奇异的曲峡孤山在太行山中可谓比比皆是，当地居民也赋予了它们形象的名称或想象的传说。例如，山西壶关县境内的壶关大峡谷位于横穿太行山主脉的郊沟河上游，从半山腰向下俯瞰，可以看到深邃的曲峡包绕着渐成“离

堆”的半岛状马蹄形孤山，亦如骆驼的驼峰，在曲流颈部的最窄处，因河流的侧蚀作用，山岭渐低渐窄，亦如驼峰之间凹下去的鞍部，当地人用“马鞍驼”等地名描述这种曲峡孤山地貌；太岳山的绵山景区，以壮观的峡谷取胜，该峡谷名岩沟，上溯为听涛沟，溪流自东向西出山后名小水河，经著名的王家大院所在的静升镇，至灵石县城注入汾河。绵山最可观之曲峡在听涛沟与栖贤谷两个景点之间，岩层是寒武系至奥陶系的石灰岩，曲峡孤山因受曲流颈部的侵蚀作用影响，形成单薄的而且被分割的驼峰状山峰，

沁河上一段深幽的曲流峡谷，河谷中正在施工的电站水库，给这幅天然的曲峡山水画带来了一些不和谐的元素。

又因其形似香炉而被称为香炉山，据传为唐代高僧志超说法之处，因此这座曲峡孤山又叫说法台，是绵山著名景点之一。从不同角度看，这座曲峡孤山既像驼峰，又像雄狮和巨象，因此又被附会成为高僧志超驮运经书的骆驼，以及空王佛讲经说法时的坐骑。

太行山中，曲峡极尽弯曲之处，不仅形成漂亮的曲峡孤山，而且在曲峡两岸尤其是曲峡的凹岸，长崖也随着曲流而弯转，形成别具一格的曲面长崖。绵山说法台曲流孤山的北岸，就是极其壮观的曲面长崖——五龙峰，垂直的崖壁呈半环形，高约数百米，如合如围，险峻无比；山西灵丘东南方向的隘门峡，唐河穿峡而过，在峡谷中段觉山寺村附近也形成绝妙的曲峡，曲峡孤山上驼峰状的石峰秀立，孤山对面的长崖也跟着唐河的曲流绕成一堵弯弯高耸的巉岩绝壁。古人也没有辜负这处空灵奇美之地，北魏太和七年（公元 483 年），魏孝文帝拓跋宏就在此曲峡孤山旁的山上修建了觉山寺，曾经是“层楼阿阁，连亘山麓”，

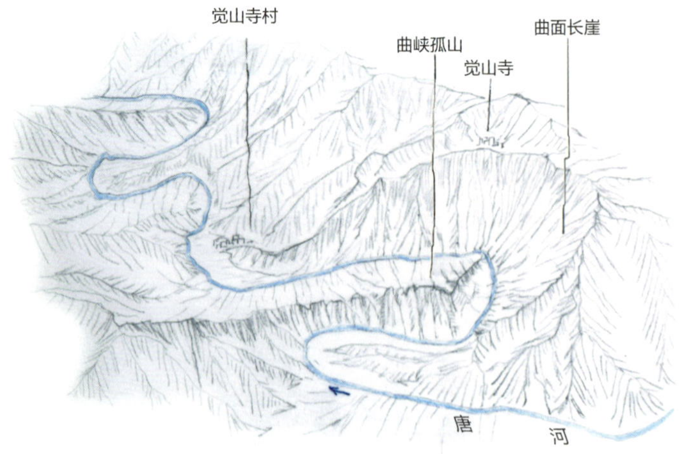

山西灵丘隘门峡的唐河曲流峡谷景观素描图（由西北向东南望）。

后经历代重修，现仍存有镇寺之宝——辽代砖塔。

太行山里的曲峡随着地壳上升，河水下蚀，越切越深，曲峡颈部的弯曲度也越来越大，终于导致峡谷也不得不截弯取直，原来的河曲被废弃为牛轭湖，曲峡孤山也成为真正的离堆山。但河流的下切并未停止，当河曲颈部的新河道随着整个河床进一步加深时，牛轭湖所在的古河谷就成为悬挂在高处的悬谷，也称高位牛轭湖，湖水早已疏干，但局部还残留有水塘，古牛轭湖悬谷的上下口也可形成瀑布。此种情景在山西泽州的郭壁、石青，河南博爱的孟庄—方山等处的丹河曲峡中最为典型，这几处古牛轭湖河谷底与曲流颈处河床的最大高差分别为：郭壁，90 米；石青，200 米；孟庄—方庄，72 米。高差越大，说明曲流颈被截穿的时代越早，这几处曲流颈被截穿的时代都在第四纪的早—中更新世，距今都在几十万年以上了，它们被截穿的先后顺序是：石青—郭壁—孟庄—方庄。

在地貌学中，峡谷按其深窄的程度，分为峡谷（狭

山西泽州郭壁一带的丹河曲流峡谷及其离堆山与高位古牛轭湖景观素描图（由东向西望）。

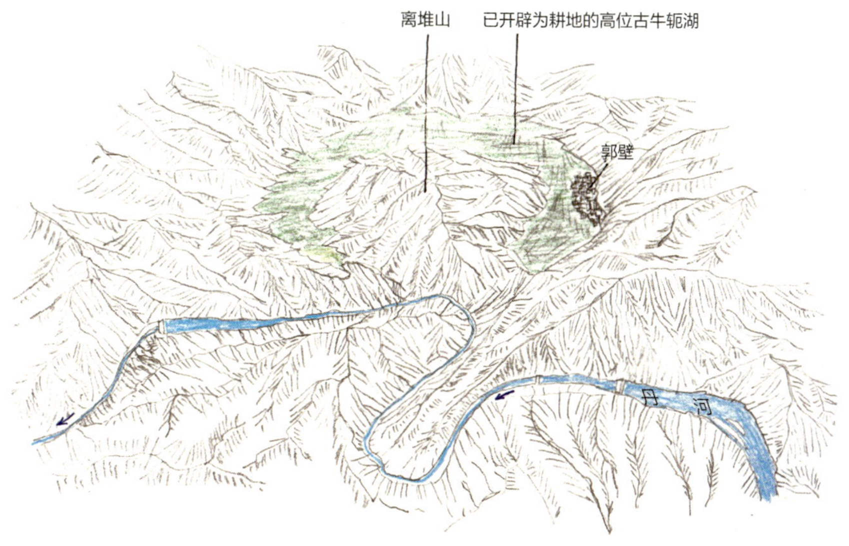

义）、嶂谷、隘谷，一般认为它反映了流水侵蚀的“V”形峡谷由幼年至壮年的3个发育阶段。隘谷是峡谷发育的初始期，谷地深窄，状若刀缝，谷坡直立，谷底全为河床占据，中国古代称之为“涧”；嶂谷由隘谷发展而成，谷地比隘谷宽，坡麓有平缓的坡脚；峡谷由嶂谷发展而成，谷地更宽，谷底两岸有河滩形成。前面谈到的沁河、唐河、岩沟的曲峡，都属于嶂谷或狭义的峡谷。令人不可思议的是，太行山也有隘谷的曲峡，一线天的深涧竟然也可出现如蛇行龙蟠的奇观。在山西陵川县横水河村至双底村的白陉古道旁的黑毛沟，还有壶关大峡谷的郊沟河，当汽车驶入宽仅十余米、深过百余米的隘谷谷底的公路，就会看到车载GPS的显示屏上，公路形态极尽弯曲折绕，和曲流之峡的平面形状完全吻合，而汽车的前行方向依曲峡走向不断作180° ~360° 的大幅弯转，加上两侧绝壁夹峙，如入迷宫，正如郦道元所谓“重岩叠嶂，隐天蔽日，自非亭午夜分，不见曦月”。

位于北太行的北京房山县境内的拒马河曲峡，不仅极尽婉转婀娜的自然之美，而且还演绎出了十分有趣而又精彩的人文故事。在这里，每一个河湾的凸岸，都是村落集中分布的地方，沿拒马河河谷而行的道路，自然承担着把这些村落联系起来的功能。由于各个凸岸村落都是隔河相对，而且凹岩一侧往往是悬崖峭壁，难以通行，所以自古以来的道路都要频繁地跨越峡谷中的曲流河湾。而古之拒马河河水汹涌，尤其夏天雨季，时有山洪暴发，河上难以架桥，只能靠舟渡接济，因此形成每湾必渡的格局，由此也派生了以数字排序的河渡之地名，著名的十渡风景区即以此得名，但实际上远不止十渡之数。由拒马河出山口的张坊镇溯河而上，至野三坡，共有大小25道曲峡之湾，并因自古以来诸多的河曲渡口，形成了从一渡到十八渡的地名，号称十八渡拒马河。

现在，拒马河的河水远不如从前那么流量浩大了，加上社会技术的进步，在河湾上架桥已易如反掌，但从一渡到十八渡的地名依然保留了下来，而且曲流之峡的美景吸引了众多游客，人们还赋予各渡之景以诗情画意的名称：一渡石门慑水；二渡剑壁平关；三渡笋峰祈雨；四渡仙峰朗月；五渡叠屏听风；六渡金滩日沐；七渡旭日东升；八渡鹭飞苍崖；九渡笔架仙成；十渡龙岩现佛；十一渡碧塔溪映；十二渡龙门放舟；十三渡孤帆远影；十四渡一障平天；十五渡风杨晨涛；十六渡桃渡夕照；十七渡五行山峙；十八渡三清合聚。十八渡中，十渡的村镇聚落规模最大，现为房山县十渡镇所在地，由北京至山西原平的京原铁路，也在十八渡拒马河的曲峡中穿行，并在十渡镇设有车站。人们不仅可在峡谷中领略河湾景色，而且登上峡谷两侧山梁上的步道，俯瞰曲流在峡谷中蜿蜒更是别有一番滋味。

太行山的曲流还有一个“怪现象”，在太行山山中曲流极其发育，而山前平原河流的曲流反而不发育，不像长江那样，出三峡入江汉平原后，曲流大行其道。其原因可能是，太行山抬升成山以前，早期平原或浅丘上已形成曲流，后来这个平原发生断裂，一侧上升形成太行山，一侧下陷形成山前盆地，早先在同一平原上的曲流被断成两截，在山区，曲流随着山体抬升，不断深切并加大弯曲；而在山前盆地，原先的河曲因沉陷被新形成的山前冲积扇掩埋，在新的山前冲积平原上又发育了新的河道。由于太行山山前的冲积扇平原有一定的坡度，加上河流出山后由于水流分散和向地下渗透，变成了时常干涸的季节性河流，因此曲流不容易发生。

塔峰
——太行山的景观三绝之三

太行山的第三个绝景是白色石灰岩与红色嶂石岩中形成的塔峰地貌，其中以白色石灰岩中的老白云岩层形成的塔峰最为壮观，而且以北太行的涞源县白石山景区、蔚县飞狐峪景区最为可观。这种塔峰地貌的形成，也和长崖、曲峡的形成有密切联系。山体被切割出峡谷深壑

太行山中的塔峰与石柱，它们多由山体上部的石灰岩构成。

以后，沟壑两侧的崖壁不断遭受侵蚀，并坍塌、后退。完整的崖壁因重力、流水、风化作用形成裂缝，裂缝不断加深加宽，岩块或山体逐渐被分割，并开始形成如群塔矗立的石峰石柱。因此，在长崖或曲峡发育的地段，也常常可以看到塔峰。

太行山的塔峰在北太行的白石山、飞狐峪等地的老白云岩层中达到极致，塔峰形态奇异多样，而且数量多、规模大、密度高。在涞源白石山，石峰超过 1000 座，最大高度可达 200 米左右，极为壮观。中国地质大学的聂泽同等在研究了涞源白石山的地貌景观以后，认为这是一种新的地质地貌景观类型，并把它称之为“白石山大理岩构造峰林”。

构成白石山景观的岩层，是沉积于约 10 亿年前古海洋中的白云岩，白云岩和石灰岩一样，都属于碳酸盐类岩石，只不过在化学成分上，白云岩以碳酸镁占优，石灰岩以碳酸钙为主，但它们都具有较好的溶解性，因此都容易形成喀斯特地貌。白石山的白云岩层被称为雾迷山组，因岩层的形成年代较久远，所以在漫长的地质演化中，矿物结晶颗粒增粗，岩石颜色变浅，即产生了大理石化，远看白石嶙峋，故有白石山之名，但岩石化学成分并未根本改变，按道理说，它仍然易于溶解而形成喀斯特地貌。但白石山这种“峰林”地貌，并不像桂林山水那样，是因喀斯特作用溶蚀形成，而是在山体的快速抬升中，岩层受到挤压产生了两个走向的垂直裂隙，在平面上看，就像完整的岩层被分割成网格状，流水冲刷、寒冻风化、重力崩塌，会沿着这些裂缝快速进行，使得喀斯特溶蚀作用来不及充分进行，岩层就已被切割分离成峰柱。聂泽同等之所以把它称作“构造峰林”，也是为了强调地壳抬升和岩层断裂等地质构造作用是这种地貌形成的主导因素。

白石山的这种“峰林”，除了在成因上与华南典型的喀斯特峰林不同外，在形态上也有很大差异。虽然白石山的峰林在相对高度上与喀斯特峰林不相上下，但它们发育在太行山山岭的中上部，峰林是坐落在厚大的山体上，石峰之间有基座相连，因此它们更像峰丛而不像峰林；而华南的喀斯特峰林是矗立在地势低平的平原浅丘区，石峰之间是平坦的洼地或河床。换句话说，华南的喀斯特峰林多是平地拔起，而白石山峰林是在山上挺立。

由于这种原因，白石山峰林在地貌组合上，更多地与长崖、峡谷共生，造型特征上，以塔状石峰最具代表性，塔峰又常常与石墙、石柱等过渡变化。峰林、峰丛是常用于喀斯特地貌的术语，而白石山“峰林”在成因上和形态都不同于喀斯特峰林或峰丛，因此用更形象的“塔峰”一词来称呼它似乎更合适，也不妨用“白石山地貌”来表达这种地貌的地域独特性。

白石山已建立国家地质公园，整个景区面积约 60 平方千米，有东西两个入口。从涞源县城向南到景区东门约 20 分钟车程，是进入景区较快捷的路线。因时间所限，我只能由东门进出，选择部分区域考察，所幸门口的售票员很耐心地回答我的询问，并为我在门票的导游图上用笔标注出推荐的线路。乘坐观光巴士经过惊险的盘山路到达祥云门，然后开始徒步行程。白石山的山脉呈东西向延伸，主要的游览线集中在南坡以及山脊附近，我先沿南坡的路线由东向西行，在中途折向北攀上山脊，再沿山脊附近的路线折向东返回。

初入山时大雾弥漫，我对是否能一睹白石山的真面目颇为担心，最初一段路只看得见近在咫尺的悬崖峭壁，十几米外皆是白茫茫的一片，但沿着倚崖临空的栈道走了一段，当云雾忽然飘散之际，漂亮的塔峰也在空中突兀而出，而且随着云雾的变幻时隐时现，婉若仙山琼阁。若论石峰的奇峭、山崖的险峻、峡谷的深幽，白石山都不输于黄山、张家界，但它又是由完全不同的岩石，在不同的气候环境下塑造出来的山岳景观，因此白石山在景观形态和美学感受上有其不可替代的鲜明特色。时值夏末，绿色的树丛把白色的嶙峋山石点染得恰到好处，在云雾的烘托之下，俨然一幅清逸苍凉的北太行山水画。

由三岔口转向北，攀上一段陡峭的登山道，上到双雄石附近的白石山山脊，向下俯瞰白石山的塔峰群又是另一番景象，座座造型奇异的石峰在山坡上鳞次栉比，而在由主山脊向两侧伸出的山梁上，一列塔峰的下部相连成壁立的崖墙，远望如挺立的长城和城墙上的敌楼。变幻的云雾在塔峰石柱间像轻纱曼绕，山顶的观景台有大批游客聚集，我听到有人发出赞叹："真是人间仙境啊！"

白石山不仅山景可观，微小的石景也可赏。构成白石山的雾迷山组白云岩中，保存有约 10 亿年前地球最早的古生物的化石，这就是当时生长在浅海潮汐带的一种单细胞藻类的化石——叠层石。那时地球上还没有高等生物出现，生命的演化还处在原始状态，所以这种藻类占据了初始生物界的统治地位，虽然简单原始，但这些藻类却是后来地球上姿态万千的生物系统的先祖。所谓叠层石，就是这种单细胞藻类一层层不断地从生长到死亡留下来的遗迹， 在岩层的断面上，它是由深浅色相间的纹理构成的波浪状图形，在岩层的顶面上，是一个个凸起的深灰色的叠层石半球体，看上去就像出笼的大馒头，所以当地人也称之为"馒头石"，但它比真正的馒头要大得多。

相比岩层中这些已逝去的古老生物，白石山现在最常见的野生动物就是松鼠。在游览步道上，不时会有这些小精灵从路上穿过，或者在路旁的树丛中嬉戏，我在山道上竟然有十几次和这些白石山的"原住民"不期而遇。我能看到的有两种松鼠，一种个体较大，皮毛呈深灰色；一种个体较小，身上有黄黑相间的条纹。令人遗憾的是，在步游道入口处的韭菜坪，我看到有当地乡民在兜售被他们逮住并关在小铁笼子里的松鼠。不知道从什么时候起，国人丢失了那种敬畏自然、尊崇生命的古老文明，而现在要恢

河北涞源白石山之白云岩岩层中的藻类化石——叠层石，俗称“馒头石”。

复这种文明还有很长的路要走。

东西走向的主山脊把白石山山体分为朝南的阳坡和朝北的阴坡，最好的塔峰地貌都集中在南坡，这可能和向阳的南坡融冻风化作用更强烈、坡面的土石移动更剧烈有关。此外，南坡与北坡的植被面貌也有很大不同，南坡的乔木以针叶树——松树为主，而在北坡我看到的却是阔叶树——槭树的大片纯林，而且在北坡的游道上，我明显感觉到凉气逼人，正是这种南干北湿、南阳北阴的小气候差异，影响到地貌的发育以及植被的分布。

太行山区的
国家地质公园

太行山因为其丰富而又独特的地质景观，成为了中国国家地质公园最为集中的一个地带，从南到北构成了一个罕见的国家地质公园群落，目前已建立了 18 处国家地质公园。

在这 18 个国家地质公园中，河南王屋山、河南云台山、

山西省陵川县境内的王莽岭景色，这里是南太行雄伟壮丽的地貌以及日出云浮的最佳观景点之一。

北京房山已被联合国教科文组织批准为世界地质公园。在世界地质公园申报的过程中，因为有名额的限制，而诸多国家地质公园都有建立世界地质公园的需求，因此经常出现“捆绑”申报的情况。王屋山与黛眉山已联合申报为王屋山—黛眉山世界地质公园，王屋山和黛眉山一北一南隔黄河相望，黛眉山实际上处在太行山与秦岭的连接过渡地带，在地质构造和地质景观上与王屋山有相近之处，因此二山合建为一个世界地质公园还说得过去。而房山的情况就比较复杂，北京房山石花洞、北京房山十渡、河北涞水

太行山区的国家地质公园分布图

野三坡、河北涞源白石山等“捆绑”在一起，以“房山”为名申报建立了“中国房山世界地质公园”，但这几个国家地质公园相距甚远，地质景观特征各不相同，很难实现统一管理，也很难用一个“房山世界地质公园”的名义去进行宣传与推广，游客也很难以这个名义上的“世界地质公园”作为出行的目的地。

国家地质公园建立过程中，也有很多类似的“捆绑”与“整合”的案例，其初衷也是为了统一管理和保护，统一用国家地质公园的品牌去宣传与促销，但因为一个国家地质公园下属的诸多景区实际上分属不同的管理经营者，所以也很难实现真正的“整合”，而且对外宣传仍然以各个景区为主，这可能会给游客带来困惑。以河南关山国家地质公园为例，它包括了河南辉县境内的宝泉、关山、八里沟、回龙、万仙山等5个景区，这些景区分处南太行不同的河流峡谷内，管理经营者不同，在道路系统上也各自独立，并各自收取门票。我曾向当地居民询问关山地质公园怎么走，他们指的都是地质公园内的关山景区，他们并没有一个整合的关山地质公园的概念，因此，你必须要针对宝泉、关山、八里沟、回龙、万仙山等具体景区来制定你的旅行计划，才不至于产生麻烦。

太行山区的国家地质公园，可以按照各个公园的主体地质景观及其地质背景，分为5个不同的地域类型。

一是南太行的山岳与岩石地貌。它主要是以下部的红色嶂石岩和上部的石灰岩构成的长崖、峡谷地貌为特色，它包括了上下叠置的双重长崖，以及由长崖围合而成的瓮谷、隘谷、嶂谷等，峡谷也常常发育成曲峡，长崖转折处壮观的瀑布以及峡谷中的溪流，和岩石地貌一起构成一幅壮观的山水画卷。虽然古生代石灰岩中也有一些溶洞、石芽等喀斯特地貌发育，但若论观赏的价值，它远不能和华南的喀斯特地貌相比。南太行的这类国家地质公园包括了河南的济源王屋山、修武云台山、辉县关山、林州红旗渠—林虑山，山西的陵川王莽岭、壶关峡谷、平顺天脊山，河北的武安、邢台峡谷群、临城、赞皇嶂石岩。虽然这么多的国家地质公园在景观类型上都有相似之处，但这并不影响把它们都作为并不重复的旅游目的地，即使都是长崖、峡谷、瀑布，但每一个地方都会给人以不同的感受与独特

太行山红色嶂石岩中的龟裂纹印模，这是远古地质时期的滨岸沙泥滩干裂后，又被后来的泥沙堆积充填掩埋而留存下来的构造。

太行山红色嶂石岩中的波痕构造，同样是红色嶂石岩形成于滨岸浅水环境的证据，波浪的扰动在水底的沙泥层表面留下了波痕，其后堆积的泥沙又将其掩埋保存。

的体验。

二是北太行西部的山岳及岩石地貌。由太行山区最古老的变质岩形成山岳地貌为特色，这类国家地质公园包括河北的阜平天生桥、山西的五台山。

三是北太行中部的山岳及岩石地貌。以白云岩形成的塔峰、峡谷地貌为特色，例如河北的涞源白石山、涞水野三坡，北京的十渡。野三坡和十渡都位于拒马河沿岸，白云岩层中形成的拒马河曲峡地貌是最大亮点。

四是北太行东部的喀斯特地貌。以奥陶系石灰岩形成的喀斯特洞穴为特色，其典型代表为北京的石花洞。由于气候及构造原因，大型的而且具有丰富洞穴沉积的喀斯特溶洞，在华北地区并不多见，而像石花洞这样规模既大，洞穴沉积景观又如此精美多样，的确是弥足珍贵。

五是北太行东部的古生物化石景观。以侏罗系砂岩地层里的硅化木为特色，典型代表为北京延庆硅化木地质公园。硅化木在我国主要分布在西北地区和西南、华南地区，虽然延庆硅化木地表发现的数量不及这些地区，但它因为是华北地区目前最大的硅化木产地而显得十分重要。

太行山的
地名方言与地形地貌

在太行山的考察中，一些奇异费解的地名引起了我与同伴的极大兴趣，来自郑州的摄影师张华伟看到写有稀奇古怪地名的牌子，总要停车照相。很多地名都是人们对当地地形地貌的一种认知和描述，它也蕴含了许多地质或地理科学信息，这也是驱使我想要一探究竟的原因。

掌，在山西陵川、壶关一带，我们遇到许多带“掌”的地名，由白陉到壶关大峡谷，再到长治的沿途，就有树掌、石掌、东掌、西掌、瓜掌、洪掌、峰上掌、崔家掌等，不胜枚举。对于“掌”的含义，我们一路争论，我猜测大概是山西方言对地形特征的一种描述。后来在互联网上查阅，才得知在山西方言中，“掌”是指沟头的低洼地带。沟头，也就是靠近沟谷上端或源头的地方，在晋东南一带的丘状高原上，我们常常可以看到，石灰岩山丘的边缘曲折弯转，有黄土堆积的洼地向沟头延伸，就像手掌一样镶嵌在这些山丘之间，很可能方言中就有了“掌”这一形象的说法。掌在山西太行山区的地名中使用极为普遍，位于太行山中的山西昔阳县大寨村，在 20 世纪六七十年代，曾经被号令为全国学习的农业典范，而大寨被广为宣传的治沟造田的一个经典故事就是“三战狼窝掌”。

圪当，也是太行山一个具有地域特色的地名称谓，由于方言的不同，它也被称作圪塔、圪坨、圪堆。旮旯也可能是这一称谓的转音，圪当或圪塔用于地名时一般作土丘、小丘、矮岗解，旮旯在太行山及华北一带的方言中，指角落、沟壑或狭窄偏僻的地方。从圪当或圪塔的地名分布来看，既有位于太行山深切峡谷中的，例如山西陵川县的马圪当乡；也有位于太行山区腹地的丘原中的，如浮山县的寨圪塔乡，晋东南一带就有许多以圪塔命名的村落，例如阳城县的李圪塔村、柴圪塔村，泽州县的裴圪塔村等；还有位于太行山山前丘陵一平原区的，例如河北大名县的沙圪塔乡、河南武陟县的圪当店乡以及沁阳县圪垱坡的仰韶文化遗址等。无论如何，圪当或圪塔都与土丘或小山丘的地貌特征有关。在太行山中，圪当有时也被用来指称曲流围绕的孤山。

底，是指太行山中或靠近山前地带的一些河谷低地，例如，山西陵川县马圪当乡就有双底村、长山底村，它们位于太行山东南缘的磨河峡谷谷底，这里河谷已较为开阔，河道两岸地势平坦，加上气候温暖，水源充足，颇适宜农耕，素有“小江南”之称。

坂，其意为山坡或斜坡，也可写作“阪”。太行山的一些重要地名都和坂有关，例如中条山北麓的永济，古称蒲坂；运城盐池附近有阪泉。但最为著名的还是由河南沁阳至山西泽州的太行陉上的羊肠坂，它因曹操的《苦寒行》而声名远扬。羊肠坂因山路崎岖，山道曲折盘旋形似羊肠而得名，在太行山，被称为羊肠坂道的险径并不止太行陉中的那一条，山西壶关县五指峡至龙泉峡之间的古栈道，也被称为羊肠坂道，它东起盘底，西至东柏坡，道路千回百转，崖间须抓藤攀岩方能过。《汉书·地理志》记载：“壶关，有羊肠坂”。对曹操《苦寒行》中所称的羊肠坂究竟是哪一条，今人有不同说法。《苦寒行》被认为是曹操征伐高干时所作，高干是袁绍的外甥与部将，投降曹操后留任并州（今太原一带）刺史，后又反叛，据守上党壶关，曹操率军亲征。《苦寒行》中说：“北上太行山”，从行军方位来看，由

冰雪覆盖的太行山，曲折弯转的羊肠道在险峻的山坡上被更清楚地勾画出来，此时也许更能理解曹操《苦寒行》中的意境。

南向北走太行陉翻越太行山方为北上，而且如果是由曹魏都城——邺城（今临漳县西）向西进攻壶关，似应走较为平坦的滏口陉才对，而不太可能走今壶关县东南的羊肠坂。

垴，释义是山头，垴同脑，有的地名也就写作“脑”，意为山之头顶。在太行山，“垴”是一个十分常见的地名称谓，例如抗战时期发生著名战斗的山西武乡县关家垴。仅在武乡县境内，就还有郭家垴、韩家垴、张家垴、杨家垴、熬垴等许多以垴命名的地方。太行山还有不少以垴为名的名胜之地，例如，山西昔阳的黄庵垴、河北邢台的寒山垴、

山西昔阳黄庵垴的地貌素描。可以清楚地看到太行山中“垴”的地貌特征，它由坚硬的岩层在山顶上形成一个个突立的平台，四周崖壁陡立。较大的垴常常有村落分布，由于垴易守难攻，又处于制高点，所以战争中常成为军事要地。

河南林州的马鞍垴、河北井陉锦山御笔垴等。垴，不是一般意义的山头或山丘，而是一个山顶有平台，周边有峭壁的山头，垴上的平台面积可大可小，它类似于一般的平顶山，也很像山东一带常见的“崮”或四川盆地中常见的方山，但垴的海拔更高，周边的悬崖高差通常更大，地形也更险。太行山的垴多由石灰岩或嶂石岩构成，它是完整的岩层被侵蚀分割后残留而成的平顶状山峰。由于垴上地形较平坦，所以常常成为村落的耕作定居之处，也因为它居高临下，易守难攻，在兵荒马乱的年代，也常常成为太行山居民修建寨堡，凭险自卫的地方。

井，也作阱或穽，四周有山岭围绕的低地，其形如井。例如河北井陉，也有把井和底合起来用的，如山西平顺县的井底村。山岭怀抱的低地或小盆地，有时也称“怀”，例如山西五台县的台怀镇、宝山怀村等。同样是小盆地，比较而言，井，地形更狭促；怀，地势更开阔。还有一些低洼地形的称呼，如“凹”“卧”，它常常指的是三面有悬崖包围，一面有出口的围谷。“洼”，则经常指有山岭围绕，但相对比较开阔的低地或谷地，有时也写作“窊”，读音同洼。“塔”，指大坡下面临沟的小块平地，在这里它与寺塔的字义无关，例如，浊漳河边的山西平顺县马塔村。

峪（音yù），指山谷，这一称谓在太行山以及华北的其他山区都被广泛使用。而且从地域上看，它似乎带有浓厚的北方方言的特点，主要见于秦岭黄河以北，例如，著名的秦岭七十二峪，全都位于秦岭北坡。长江流域以及整个南方，更习惯于用沟、峡等来称谓山谷。

墕（音yàn），古代也同堰，但用在地形上则是指两条沟谷之间比较平缓的山梁，是黄土高原常见的地名称呼，太行山中也有用到，例如，山西灵石县梁家墕乡。

峧（音jiāo），一个很奇特的用作地名的字，但字义并不明确，估计也和某种地形特征有关，在山西平顺、黎城一带，有很多叫“峧”的地名，例如，棒峧、董驮峧、臭水峧、杏峧、后峧、官家峧、朱家峧等。从地形特点来看，被称为“峧”的村落，

红色嶂石岩长崖顶部平台上的耕地与村落。

太行山中因岩石风化形成的天生桥，以河北阜平天生桥地质公园、河北平山天桂山风景区中的天生桥较为著名。

一般都靠近沟谷源头，分布在两条沟谷交汇的较平坦开阔的地方，不知这个“峧”是否和沟谷的交合有关。

辿（音chān），常见于山西平顺、陵川与河南辉县、林州一带的地名中，带有辿字的地名数不胜数，南辿、东辿、西辿、老马辿、马碲辿、石烈辿等。“辿”字的本意，是指徐缓的步伐，从带辿字的地方所处的地理环境来看，常常和山间陡峭的道路有关，因此可能是指附近有山路，而且地势陡峭，人们不得不缓步而行。

磢（音chuǎng），意为峡谷，在白陉的磨河峡谷中，多有带“磢”字的地名，例如，小磢、土磢、磢底，这些地方都位于峡谷谷底或峡谷坡麓的斜坡。

断，常指河床上形成的陡坎，相对平缓的河流在这里都会形成跌水，例如，黄河上著名的壶口瀑布就是一个“断”。这种陡坎的形成多是因为河流通过坚硬岩层中的断崖，最常见的就是河床穿过红色嶂石岩的长崖时形成的陡坎。太行山的出山河流，在流经红色嶂石岩分布区时，无一例外地都会形成大大小小的“断”。在浊漳河上，“断”的地名较多，素有“九峡十八断”之称，例如，赤壁断、候壁断、天桥断等等，这些“断”都和红色嶂石岩有关。因“断”而形成的瀑布或陡坎，既是壮丽的景观，也可利用这一地形设渠引水灌溉或发电。著名的红旗渠渠首就设在浊漳河上的侯壁断。

在林林总总的关于地形地貌的太行山方言中，“陉”这一称谓也许是最具特色和最有影响的，在下一卷，作者将为此做专门的介绍。

【卷四】太行八陉——沟通晋蒙高原与华北平原的天然大道

『陉』，也许是太行山及其周围地区最具特色的关于地形的方言称谓，它不仅是指太行八陉，当地原本就有不少称『陉』的地名。

高大的山脉总是人类在不同区域之间往来迁移、沟通交流的地理障碍，为了克服这种障碍，人类总是要选择山脉中比较易于通行的地形并加以构筑作为通道，从人文地理的含义来说，『陉』就是为着迁徙、贸易、军事等需要而沿着横切山脉的谷地或凹地形成的通道。

一般的词典中都把『陉』解释为山脉中断的地方，《尔雅·释山》说：『山绝陉』；郭缘生在《述征记》中也说：『是山凡中断皆曰陉。』

从自然地形的含义，可以说造成山脉中断的地形称为陉，而使山脉中断的，主要是有横切山脉而过的河谷或山谷，这种山谷因为走向与山脉近于垂直相交，也被称为『横谷』。横谷可以从山脉的一侧贯通到另一侧，或者以山脉走向上低矮的山坳为分水岭，在山坳两侧形成流向或坡降方向相反的横谷。

陉
——通则成道、阻则成塞的“横谷”要冲

许多大山脉都是大河流域的分水岭，例如，秦岭成为长江流域与黄河流域的分水岭；南岭成为长江流域与珠江流域的分水岭；天山成为塔里木盆地与准噶尔盆地内流水系的分水岭。

但也有不少大山脉虽然巍峨高耸，却并不构成分水岭，河流水系横穿山脉而过。喜马拉雅山就是这样的山脉，东段的雅鲁藏布江，中段的朋曲—阿润河、吉隆藏布，西段

太行八陉路线图（图中括号内的是古代地名）

的朗钦藏布—萨特莱杰河、印度河，都穿过喜马拉雅山主脉，由青藏高原奔向印度河—恒河平原。这是因为山脉的一侧是地势高亢的高原，另一侧是地势低下的平原，水往低处流的巨大势能以及河流溯源扩展的强大动力，是任何高山都难以阻挡的。太行山也是这样的山脉，借助山西高原和华北平原之间的巨大地势反差，沁河、漳河、滹沱河、沙河、唐河、拒马河、永定河等河流，横切了太行山主脉，直下华北平原，形成黄河与海河这两大水系，直奔东海。

也正是这种河流横穿山脉的地貌格局，形成了跨越太行的自然通道，为太行八陉等诸多陉道奠定了基础。

陉一般都被认为是险要之处，丁文江提出了不同看法，他认为既然能通行或走车（指古代的大车），一定是最不险

的地方，所谓险要，要则有之，险则未也。丁先生的这种看法是有道理的，陉当然是山脉中最不险、最易通行的路线，所以它才成为人们作为通道的首选，古今皆如此。当然，陉的功能不仅是通道，它因通道而派生出了关隘的功能，即为了课税、防御等需要，利用陉在交通上的唯一性，设立关塞，扼要冲所在，所谓“一夫当关，万夫莫开”。

因此，陉实际上包括了陉道和陉关（或称关口）这两个要素。如果具体考察太行八陉乃至八陉之外其他的陉，还可发现一个陉道往往有多个陉关，而陉关又由关城（因陉关而形成的村镇街市）、关门（包括关门的楼阁等建筑）、关墙（为扩大防御范围，由关城向两侧延伸的城墙）构成。在北太行，长城在走向上常常与关城相接，从而成为规模更大的关墙。

位于山西省大同市天镇县境内的保平堡，是外长城上的五堡要塞之一。

从现有记载看，最早提到太行八陉的是晋代的郭缘生，他在《述征记》中说到太行“有八陉”，由南向北依次为轵关陉、太行陉、白陉、滏口陉、井陉、飞狐陉、蒲阴陉、军都陉。

在更早的历史文献中，实际上对太行八陉中的一些陉道和陉关都有提及，只不过没有系统地冠以太行八陉的名称而已。例如，《战国策》载：“苏秦说赵王‘秦下轵道则南阳动’”，轵道即轵关陉，南阳就是河内平原；《战国策》又载：“范雎曰，‘北断太行之道，则上党之师不下’”，这里的太行之道，指的就是太行陉；《左传》说“齐侯伐晋，取朝歌，入孟门，登太行”，这里的朝歌即今河南淇县，孟门则是白陉东端的陉关—紫霞关；《史记》谓：“今井陉之道，车不得方轨，骑不得成列”，这里的“井陉之道”指的也就是陉道之井陉。

值得注意的是，公元前200多年，秦国丞相吕不韦在他主编的《吕氏春秋》中，列出了天下最重要的关隘九处，称为“九塞”，即太汾、冥厄、荆阮、方城、殽、井陉、令疵、句注、居庸。这九塞所指的关隘分别是：太汾，太岳山西麓灵石至霍州一线的汾河峡谷—雀鼠谷关隘；冥厄，河南信阳与湖北应山交界处的平靖关；荆阮，河北易县境内的紫荆关；方城，历史上汉水至南阳盆地北侧的楚长城关隘；殽，河南灵宝境内的函谷关；井陉，井陉道上的井陉关；令疵，河北迁西与宽城之间的燕山隘口—喜峰口；句注，山西代县境内的恒山隘口—雁门关；居庸，军都陉之陉关—居庸关。可以看出，所谓天下九塞，其中荆阮、井陉、居庸皆在太行八陉之中，而太汾、句注也与太行山有关，可以说，古之天下要塞，太行占据大半。太行山中陉道关隘之重要性早已为古人所认知，太行八陉不过是这种认知系统的进一步推演而已。

轵关陉：太行第一陉
东出中条山——王屋山的晋豫大道

轵关陉是连接临汾—运城盆地与河内平原的重要通道，它东起河南济源，西至山西侯马。从地形上看，它的西段沿涑水上游以及亳清河横穿中条山形成的横谷和山坳而走，东段则跨越王屋山南坡的台地与沟壑。历史上，中原与关中之间的交通往来，除了走黄河南岸的函谷关、潼关一线之外，轵关陉也是重要的路径。

轵，其意和古代的车有关，指车毂外端的小孔或车轴的端头，也可指车厢两边的栏木。轵关，则与古代的轵国或轵城有关。轵国或轵城之得名，也和古代战车有关。据《史记》《左传》记载，周襄王十七年（公元前 635 年），周襄王因晋文公有功，以阳樊（今济源西曲阳村）之地赐之，但阳樊人不服，晋文公率军围城，逼其归附。阳樊守城大夫苍葛大呼：“要用德行来安抚中原之国，刑武是用来威慑四方夷狄的，你们这样做我们当然不服，这里谁不是周

太行八陉第一陉——轵关陉路线图。

王的亲戚，难道能把他们当俘虏吗？”最后，苍葛以周襄王“赐地非赐百姓”为由，只愿交出城池，但要带走百姓。晋文公答应了苍葛的要求。苍葛率阳樊百姓退聚东南 20 里驻守，先以战车列卫，继而围土筑城，并因最初用战车围守而得名“轵城”。

轵，为今河南济源市境内之地，这个古老的地名一直延续至今。春秋时为轵国，战国时为晋国所属之轵城，在公元前 4 世纪中叶，又先后为韩国和魏国的属地。秦朝时设轵县，唐贞观元年（627 年）轵县并入济源县，但轵城的地名一直保留下来，现在济源市城区南约 2 千米有轵城镇，在这里仍保留有始建于春秋，又经历代营造的古城遗址。据西汉桓宽所著的《盐铁论》记载，在战国时，轵城就已

成为“富冠海内”的“天下名都”，加上轵城正当豫晋交通的要冲，因此，这条陉道及其陉关被称为轵关陉和轵关就毫不奇怪了。

从河南济源西行，穿行于太行山山前的平原不远，便进入了轵关陉的山道，经过若干急峻的盘山弯路后，便到了轵关陉东端的陉关——轵关，它也被称为封门口。从地形上看，它刚好处在王屋山南坡水系与南太行沁河水系之间的分水岭凹口上，这是一个由西向东进入河内平原的天然孔道。这个分水岭也是王屋山主脉向东南方向延伸的尾闾。分水岭以西，源于中条山、王屋山的逢石河、大峪河等河流由南向北直接汇入黄河，其流程都不长；分水岭以东，则是沁河支流的蟒河水系。封门口关口西侧是一个洼

沁河曲流峡谷崖壁上的古栈道遗址。

地，也是封门口村所在，这个村子约 10 余户人家，还保留有民国时期的老宅。村旁修蓄水池时，曾挖出清代咸丰年间的石碑，上书“封门天险”。另外，在村民康双成、贾长安家中还发现另两通咸丰年间的石碑，记载了当时为防匪患重修封门关，而且是山西官府在河南借地设关，碑刻中的告示称，此关为济源、垣曲等县合勘重建，关门晨开昏闭，对于形迹可疑者可送垣曲审问；夜间分班职守，对叩关者实系本地良民应放行，不得刁难，过往行人亦不许无端生事。

封门口山势不高，虽说“天险”稍显夸张，但当站在封门口的关口向东眺望时，的确有居高临下、势如建瓴的感觉，向东越过关口，就是顺着蟒河水系的沟谷一路下坡，宽广的河内平原已经遥遥在望。因地处轵道咽喉，封门口早在战国即已设关，明代洪武初年，称这里为虎岭关。

与封门口村的村民交谈得知，20 世纪 50 年代初，封门口的关门以及由关门向两侧山头延伸的关墙尚存，但现在关门、关墙皆毁，遗迹难寻。封门口村一些民宅的石料，即取自轵关的旧城墙。很长时间里，河南焦作、济源与山西运城、临汾之间的省际公路，都是循轵关陉故道而行。现在，新修的 312 省道在封门口村南侧数百米处通过，穿封门口村而过的狭窄的碎石旧道，已渐渐荒废了。

由封门口向西沿轵关陉而走，因地形的起伏，途中还有邵原关、横岭关等重要陉关。邵原关位于今济源市邵原镇，据有关专家考证，其陉关故址在距邵原镇东约 1.5 千米的一道土岭之垭口，当我们由封门口向西，驱车经过王屋山南坡崎岖的沟壑，再攀上一段陡峭的盘山路上到一个宽阔的台地时，便到了邵原。在邵原街上一家炒鸡店午餐，其味美价廉给人留下深刻印象，炒鸡也是济源著名的地方特色菜。邵原之得名，一是因为商代时这里曾是召方或召国所在地，后为商王朝吞并，春秋时称为“鄇邵”；二是因为这里是台塬地形。唐代设邵源县，始称邵原。邵原当豫晋要冲，西倚台塬，东临深壑，历来也是轵关陉上兵家争夺之地，汉代至唐代先后称箕关、濝关、淇关，明清时称邵原关。

由邵源继续沿轵关陉往西，很快便进入山西境内，顺垣曲县城所在的亳清河谷而走，这里已进入中条山南坡的范围。以前的垣曲县城在黄河边上，是著名的黄河渡口之一，因小浪底水库的修建成为淹没区，县城不得不搬迁到现在的新址。在公路上远远向南望去，可以看见小浪底水库幽幽的水面。

亳清河谷之源头便是中条山南坡与运城盆地之间的分水岭，这里有轵关陉上的另一道陉关——横岭关。有趣的是，横岭关两边的人，都把对方称为关外。这也许和华夏文明中心地带早期在河东、关中，而后又转移到河内、中原有关。垣曲虽然在中条山南坡，但中条山的地理屏障并不明显，有多条驿道穿越低矮的垭口而过，历史上垣曲一带的居民更多地依赖横岭关的轵道交通，与运城、候马、临汾等地发生联系。因行程的原因，通过轵关陉的旅客，多在横岭关停宿，所以自古以来都设有驿站和客栈，是轵关陉上的一处重要节点，现在由垣曲至礼元的礼曲铁路亦在横岭关设有车站，礼曲铁路在礼元与同蒲铁路相接，是为开发中条山矿产资源于1958~1964 年修建的铁路支线，后来因运营效益差，于2007 年停运。但现在垣曲县要求恢复礼曲铁路运营的呼声很高，更有建议将礼曲铁路顺轵关陉延长至济源，这样也许会提升该线路的效益。

过横岭关向西北，穿过涑水河源头，就到了轵关陉西端的陉关——铁刹关，铁刹关亦称铁岭关、厄口，位于侯马市境内，在侯马市区南约 8 千米处，它处在太岳山西南余脉的一个山岭垭口，这个余脉在涑水河与汾河之间有稷王山、孤峰山等山峰，虽然总体山势不高，但却把临汾盆地与运城盆地分隔开来。不过，在地质历史中，汾河水系曾有河道通过铁刹关一带的凹口与涑水河相通，后来因地壳抬升，铁刹关一带才成为分水岭。

我驱车沿 235 省道过闻喜县礼元镇向北不远，即到了铁刹关旁的公路垭口，过垭口不远转入北边的一条岔道，可以看见高处有一个坐落在黄土塬上的村落，路旁有一地名牌，上书“隘口村”，询问路人，方知黄土塬上的村落就是隘口村，铁刹古关也在那儿。

隘口村规模颇大，以前曾为隘口镇，现有 300 多户人，民居多是砖砌的高墙深院并有雕花的大铁门，显示村民多殷实富足。隘口村是因铁刹关而形成的关城聚落，铁刹关关隘在村之西头，东倚峻岭，西临深沟，一条可行拖拉机的土路由远处的山岭间逶迤而来，进入隘口村，这条土路即轵关陉的古道，它穿村而过后，傍山而行，经隘口村北侧的永济寺而至侯马。铁刹关的关门、关墙均已不存，村民称被拆毁于“文革”期间，在原关门处以及关隘北边的山头上，还残留有土墩及土墙。

虽然铁刹关古道的功能已废，隘口村作为陉关要塞的作用也已不存在，但铁刹关附近的这个山凹口势若瓶颈，至今仍为咽喉要道，同蒲铁路穿隘口村而过，235 省道、运城至侯马的高速公路皆由铁刹关南侧越岭而过。

太行八陉第二陉——太行陉陉道上的碗子城。

太行陉：太行第二陉
刻意避开“横谷”的另类陉道

由济源、沁阳、焦作一线北望，太行山在河内平原的北端犹如一堵高墙，墙头尖峰连绵，唯独在沁阳市西万镇以北，出现一个相对较平坦的豁口。而太行陉正是利用这样一个豁口，也是上党与河内之间的最捷之径，经常平、晋庙铺而至晋城。

太行陉所经之途，并没有一个穿越太行山主脉的横谷，

太行八陉第二陉——太行陉路线图。

它不是一个典型的沿谷地而走的陉道。太行陉西侧有横穿太行山的沁河河谷，但曲峡深切，通行艰难。三国曹魏时，曾沿沁河曲峡修建栈道，运输山西的粮食到南方，以便对东吴用兵。现在济源境内马鞍山、张庄村、和滩等地的沁河右岸崖壁上，仍保存有十多千米长的古栈道槽洞遗迹，以及三国曹魏时的摩崖石刻："建元正始五年（244 年）十月五日，曲阳吴某，督将师匠、兵徒千余人通，治步行道，作偏桥阁，凿开石门一所"。循沁河河谷虽曾有栈道，但曲回绕行，而且也偏离了上党南端最重要的晋城盆地。陉道只有通过连接重要的城镇聚落，才能体现出它的价值，因此太行陉刻意避开了沁河河谷。

太行陉的南端起点，被认为是在河南沁阳市西万镇的邘邰村，因为这里自古就是太行陉南端的重要聚落。商代时这里因居住一支擅长制作盂器的部落，被称为盂方或邘方，盂方后来为商所灭，商王武丁的儿子封侯于此，建立邘国，邘邰村现仍存有邘国古城遗址。邘邰村今天仍然是一个号称“五里长街”的大村，村中有始建于宋元之际的静应庙，其中有中国著名的三大铁瓦殿之一。

由邘邰村往北，便进入由太行陉北上太行的山道。虽然走的是南太行的易行之处，但它依然要克服数百米的地形高差。尤其在河南沁阳常平村至山西泽州大口村这一段，山势陡峭，为古时著名的羊肠坂道。古陉道的踪迹今已难寻，仅局部地段可见，根据遗留下的羊肠坂古道和有关资料可知，太行陉之登山道几乎全为青石板铺成，宽处可达 4 米，足供 2 匹马相向而行，进入山顶高原面后，陉道几乎全为黄土大道。

太行陉古代是可通行车马的大道，坡度陡峻的古道如今已为路程更长的盘山公路——333 省道所代替。但在常平至大口这一段，因为地势险峻，道路扩宽困难，公路不得不分成两条单行道。此路段历来是晋煤外运的咽喉，分道单行可以缓解山路弯窄，交通拥堵的问题，两股单行道往上至大口再相汇合。不过，我们驾车经过此路段时，因一条单行道正在维修，上下车辆不得不挤到另一条单行道上，结果堵塞成一条长长的车龙，其中至少 80% 都是运煤的大卡车。

常平与大口之间的羊肠坂道，是太行陉上的要害之处，

太行陉碗子城城堡旁的清代摩崖石刻——“古羊肠坂”。

由下往上依次有据险设立的孟良寨、碗子城、大口等陉关。孟良寨位于常平村北约 3 千米处，城墙尚存，城内南北长 34.3 米，东西宽 29 米，石砌的城墙高 5 米，墙厚 6.9 米，严密坚固。由于孟良寨的城墙与东边残存的约 2.5 千米的一段北齐长城相接，因此孟良寨至少在北齐已存在，后经宋、明两代重修；孟良寨往上约 0.5 千米路即为碗子城，碗子城为一圆形城堡，因似碗状而得名，城不大，城内直径 19 米，设东西两门，原来各有门额，东为“北达京师”，西为“南通伊洛”，古羊肠坂道穿城堡而过，城墙高 4.8 米，墙厚 4.8 米，城堡旁的石壁上，有清代蒋琦龄所书、凤台（今晋城）知县阮荼勒刻的“古羊肠坂”几个大字。据《凤台县志》记载，碗子城始置于唐初，用以控制豫晋要冲。碗子城虽小，但自 20 世纪 60 年代以来，其归属在河南沁阳的常平村与山西泽州的大口村之间纷争不已，而近年来由于旅游开发的利益所系，两省争执更甚；经过陡峭的羊肠坂道到达大口村，即转入平坦的太行山高原面，由此向北，田畴连野，村镇相望，太行陉由险而平，再无大的起伏即可至晋城。因此从地形地貌的角度看，大口村的地位十分重要，这里古称大口隘、横望隘，现在的大口村依山崖而建，它也是依大口隘陉关而形成的关城聚落。过大口村北行，经油坊村、拦车村、晋庙铺，即可抵达天井关。

拦车村因一个和孔子相关的故事而得名，相传孔子去晋途经此地，遇有小儿用瓦筑城玩耍，孔子问他："你不避让过往的车吗？"小儿称"只有车绕城，而无城让车"，孔子为之折服。拦车村古称星轺驿，"星轺"一词在古代本指使者所乘之车，后来也借指使者。白居易曾有诗句："早风吹 土满长衢，驿骑星轺尽疾驱。"此地名"星轺"，也说明了它在古代交通上的重要意义。太行陉陉道穿拦车村

太行陉陉道旁的拦车村及其"攔車鎮"古代题额。

太行陉天井关的南关关门，上有“天井关”的门额。

而过，形成一两千米的长街，南北两端各有一关门及门楼，南门与北门分别有“攔车镇”与“晋南屏翰”的清代题额。此种陉道穿关城而过，街市夹陉道而立，关城端头分设关门的建筑格局，是太行八陉乃至太行山其他陉关建筑的基本制式。拦车村作为古代太行陉上的通衢大驿，一度十分繁华，当地曾流传民谚：“拦车官街人挤人，肩挑拉货挤不出城”。

拦车村与天井关之间，有晋庙铺镇，古称“科斗店”，现为晋东南泽州的一个大镇，太行陉山西境内的各陉关要隘，多在晋庙铺镇所辖范围内。晋庙铺本身无险可依，明清时代为一驿站，原来附近山沟中有一村子名铺上村，后改称晋庙铺，20 世纪中叶迁于此地，可能跟这里更具有驿道区位优势有关。

过晋庙铺北行不远，便到了太行陉上极重要的一处陉关——天井关，它因陉关南侧有三眼深井而得名。天井关位于高原面一个长长的平台上，就地形而言，乍一看并无特别之处，但这个台地是一个制高点，两侧沟壑深切，太行陉必经这个台地而行，天井关扼陉道之要冲。天井关又名太行关、雄定关、平阳关，天井关村即是依关而立的关城，南侧关门尚存，门额上刻“天井关”3 字。陉道两侧的街市，多为青瓦青砖的传统民居，也是太行八陉中，古建筑保存较好的陉关之一。在关城南门外的古道西侧，有一块高 3 米左右的石碑，上书“孔子回车”几个大字，传说孔子由拦车村至此，见道旁有黄鼠口衔核桃而立，做礼拜状，孔子感叹“晋知礼已甚！”故回车而返。“孔子回车”碑古已有之，现存石碑为明代万历年间泽州太守冯瑗重立，它似乎在证明孔子回车的传说并非虚构。天井关村西侧有一个高丘，被称为沿村圪堆，海拔 960 米，丘顶有利用制高点修建的天井关墩台旧址，墩台的功能相当于报警的烽火台，丘顶还有一棵状如伞盖的大树。登上丘顶，天井关村及周围的远山近岭皆在脚下，使人有身处太行陉之巅的感觉，S333 省道在村旁的山梁上蜿蜒，村西侧山谷中有二（连浩特）广（州）高速公路（G55）穿天井关隧道而过。时光流转，但眼前这个古道雄关仍然是控扼南北交通的重地。

太行陉天井关南门外的“孔子回车”碑。

太行陉由平原至高原的这一段攀山路，除了人们熟知的河南沁阳常平村至山西泽州大口村的大口道（亦称常平线）之外，还有两条辅道：一是小口道，也称窑头线，由现在的龙凤山陵园经前步窑、黄沙岭、北窑头村、关爷庙、斑鸠岭、前湾、风口、焦赞城、后湾、小口村、营房门、黑石岭、草底铺、岔道口至拦车村，汇入太行陉主道；二是丹河道，亦称丹陉，也称丹河线，南起河南省博爱县，经石盆河、盐场，向西北至晋庙铺与太行陉主道合。

比较而言，大口道作为太行陉的主道，主要是车马道，小口道主要为人行道，丹河道则是备用的辅道，只有在战争时才会作为陉道使用。

小口道在大口道的西边山梁与大口道隔沟相望，当地有顺口溜将这两条线的地名对应起来："常平对窑头，风门对风口，大口对小口，黑石岭对油坊头。"小口道沿线也有一些重要的关隘遗址，由南往北有：马武寨，其山名关爷顶，现仅存约 40 平方米的遗址，可见高 1~3 米的残存垛墙；小口隘，位于今小口村南约 2 千米处，是小口道上最重要的陉关，其关城又称焦赞城，其名称亦可与大口道上的孟良寨相对应，焦赞和孟良在古典小说《杨家将》中被描写为杨延昭（杨六郎）部下的两员大将，二者形影不离，有"焦不离孟"之说，但在史实中他们分别处于北宋前期和后期，不可能相识，只是他们都属北宋将领。焦赞城与孟良寨的名称，可能也多为附会。小口隘东倚悬崖，西临深沟，地势险要，但焦赞城关城已毁，仅略存遗迹；小口村，亦名横望镇，与大口村的横望隘同名但不同地。小口村由于在小口隘北约 2 千米处，表明小口村不是小口隘之关城，但它是小口道上一处重要驿站，虽然现在只有100多户人，但历史上是横望镇所在，其地位可能较现今更为重要。小口村仍保留有红墙青瓦的寨门阁楼，有匾额上书“横望镇”3个大字，另有“小口”2个小字附于其上，匾额为清同治三年（1864年）重修时所嵌。有意思的是，村头还完整地保留了“文革”时期所立的一座水泥门坊，上书“小口大队革命委员会”，左右两侧分别有“与粮为纲，全面发展”“自力更生，奋发图强”的标语牌，也算是一处历史遗迹；韦铨寨，踞黑石岭西南2千米处山巅，环山巅平台而筑，下临深壑；岳将军寨，踞黑石岭西1千米，寨呈圆形，周长134.5米，寨墙高6米，墙厚1.8米，寨中数十间营房环峙。西北设寨门，门外建有瓮城。寨东、西、南三面临崖，仅北面一条山路可通。《凤台县志》载：“宋岳武穆以王彦渡河，屡败金兵。时，两河豪杰、山寨韦铨等揭旗，以‘岳’为号，中原响应，咸筑寨以待飞至。”

丹河道在博爱县北入丹河峡谷，经丹河左岸的九渡、两谷坨一带转向西北的山道，再经石盆河、盐场（亦名盐厂）、韦头等地，然后折向西至晋庙铺。沿线尚存的关隘寨堡遗址有：丹河宋寨，位于河南沁阳常平乡九渡村西，丹河北侧，是两宋时期太行山义军抗金时所建。此寨南、东、北三面临绝壁，西面呈缓坡状。寨堡东西长约70米，南北宽约30米，寨墙高13米，上有巡道和垛口，寨内有20余间兵营残迹，东南角有一团城；六郎寨，又称杨延景寨，位于九渡村东北一高山顶上，占地约上百亩，已残破不堪；丹河天井关，位于山西泽州大箕镇两谷沱村附近的白水河与丹河交汇处，为丹河道北去上党的重要关口；清风寨，踞韦头村西山巅，寨堡基本完好。

注：1亩约等于666.67平方米

白陉：太行第三陉
最具魅力的景观长廊

白陉东起河南辉县，西连山西陵川。由辉县可通中原广大地区，由陵川可至长治、晋城等太行腹地。白陉是典型的谷地之陉，它走的是横穿太行山主脉的磨河大峡谷，它处在南太行最险峻、最难通行、但也是最壮观的一段。由于白陉的左右两侧有更容易通行的太行陉与滏口陉，所以，从交通的重要性来说，白陉要差很多，应该说它只是连接上党与太行山东麓平原的一条辅助陉道。但如果从景观来看，白陉却是太行八陉中最具有魅力的陉道。

白陉之险，在于它要克服南太行主脉东坡两个巨大的地

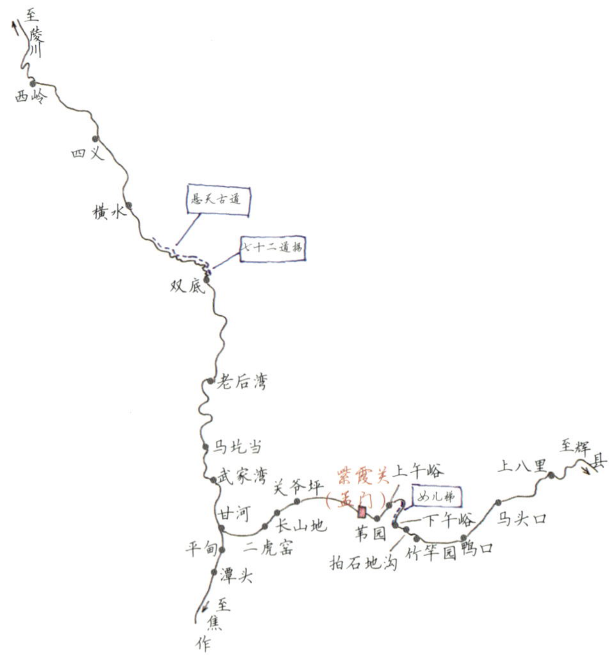

太行八陉第三陉——
白陉路线图

白陉的“悬天古道”一角。

形陡坎，这就是前面提到的由石灰岩组成的上部长崖，以及由红色嶂石岩构成的下部长崖，前者主要在陵川横水河至双底村一段，后者主要在辉县平甸至薄壁一段。

如果由陵川出发去白陉，需要走 X761 县道向东南行，经石掌、东井郊、西岭，至四义、横水，便进入了磨河右岸的支沟——黑毛沟峡谷，此段原白陉古道已不存在，但其路径应大致与 X761 县道相同。由横水村沿黑毛沟下行不远，便到了现存的白陉古道的西端入口，公路继续沿黑毛沟谷底下行，而白陉古道则沿黑毛沟左岸的山腰平缓地向前延伸，这里保留了长约 5 千米的古陉道，虽经历代修整，但仍然不失其古朴久远的历史风貌。陉道在石灰岩的山崖上穿行，路宽约 2 米左右，路面的铺砌也就地取材，采用了石灰岩的岩块，历经沧桑岁月，路面的石块多被磨得光亮圆滑、凹凸不平，一些碗口大小的圆形凹坑不时可见，似为驮队马帮长期行走留下马蹄印迹。在太行八陉中，此段古陉道可谓路线最长、保存最完整，而且它由西端向东至双底村北侧，始终在山腰绕行，就像一条在半空婉转缠绕的飘带，因此人们又称它为“悬天古道”。

观察白陉陉道的路线选择颇有意思，为什么它不像现今的公路一样，顺着黑毛沟谷底下行，而要在山腰上绕行呢？陉道总要下到谷底往东边的平原而去，这段下山的巨大高差如何克服呢？

横水河至双底村，这一段黑毛沟峡谷又深又窄，而且呈蛇曲状，是典型的曲峡深涧，现在也被旅游开发者称之为“十里河大峡谷”，从山坡上望下去，只见交错相嵌的山嘴和悬崖，很难看到谷底。从古代陉道的修筑来看，曲折陡峭的谷底路线应当更为艰难，不仅绕行的路程更长，夏季还会有洪水威胁。而山腰上的路线，有石灰岩层风化形成的天然石阶台栈可以利用，修成道路更加容易，且坡度较小，行走方便。对于下到谷底的巨大坡降，古人采取了集中处理的办法，在双底村旁选择了一条陡直的支沟，在山腰上陉道和谷底的双底村之间筑起了迂回曲折的下山坡道，俗称“七十二道拐”。我们下山时边走边数，走到山脚下的山门处，竟然刚好有 72 拐。此段陉道堪称克服陡峻坡降的杰作，体现了高超的智慧。

在“悬天古道”与“七十二道拐”的转换处，地名为小磢，古时置有屋舍，道旁有废墟残留，还见有一古碑，题额为“界碑”，落款为“大清嘉庆十八年二月十六日”，即 1796 年初春，碑文曰：“小碛之巅，钟磬号风，香烟含树。香焉，山神祠。诚当两省之要害，属往来之冲衢。凡以供侍人歇定，游士息肩，莫不蒙神之庇佑。岂可令其废坏乎？适客过，见其栋宇卧草栖烟，神像吞风饮雨，遂低徊留之不能去。因汇集里中，抄以慕建大殿，祈诸公捐资。同襄盛举。俾栋宇之卧草栖烟者得以停云凝日，俾神像之吞风饮雨得以佩玉披金。庶凡人神同受其庇，成后勒石以记，使后之歇足息肩者知某村某信士之所施也；某工某善人之所助也；某座某像某缙绅之所敬而礼也。则不独富徒者继述之志，并以开来者保户之心矣。”由此可知，此界碑为古时晋豫两省分界之标志，且道旁建筑为供行人祭祀及歇息的山神庙与驿亭，碑文尽显对太行山神灵的敬崇之心。

由“七十二道拐”下到双底村，便进入了磨河峡谷主谷，白陉古道在此地又归入 X761 县道公路，因为磨河谷底差不多接近石灰岩层底部与红色嶂石岩顶部的接触面，所以河谷平坦开阔，田畴村落相连。顺磨河而下，经榆树湾、大双、马圪垱、武家湾、林村、甘河，而至平甸、潭头，便到了河南境内。磨河流至潭头，河床底

白陉陉道上由小碛至双底村的“七十二道拐”。

部的红色嶂石岩被剥露出来，在潭头以下的磨河两岸形成高近百米、绵延数十里的绝壁长崖，磨河之水在潭头村南侧跌下这个悬崖，形成气势磅礴的潭头瀑布，并在瀑布下方冲出一个深潭，潭头村之得名，当与此有关。潭头的绝壁和瀑布都很壮观，但对白陉的通行则是一个巨大障碍，并因此在这个绝壁长崖上形成了白陉东端的险要隘口——紫霞关，紫霞关因红色嶂石岩色如紫霞而得名，紫霞关又名孟门、盘谷关。

值得注意的是，紫霞关的位置并不在磨河峡谷中，而是在磨河北侧的南关山附近，关山这个名字似乎也暗含了关隘之意。由辉县西走紫霞关入白陉，并非由磨河出山口

傍悬崖而行的白陉“悬天古道”以及道旁的石屋。

而入，而是由上八里和薄壁之间的鸭口村往西北行，经竹竿园、拍石头地到下午峪，下午峪位于红色嶂石岩绝壁长崖的崖脚，而崖顶恰好有上午峪与之对应，据当地居民称，下午峪、上午峪是下雾峪与上雾峪的转音。在下午峪与上午峪之间的绝壁上，恰好有一道斜贯上下的裂缝，而古人就利用这道石缝修筑了通过悬崖的石梯，名为女儿梯或女儿缝天梯，攀上女儿梯即到达崖顶的对头寺，崖顶平坦开阔，由此折向西南经上午峪、苇园、十寨门即到紫霞关。紫霞关是一个两山夹峙的隘口，宽约2米，极为险要，有意思的是当地村民多以“没牙豁”称之，如果以“紫霞关”问路，他们常常不知所指。未成年的小儿换牙时，因门牙脱落会露出牙豁，故称之为“没牙豁”，用它来形容紫霞关这个隘口，也许再形象不过。过紫霞关走磨河左岸支沟——东沟，经关爷岭、长山地、二虎窑，即可至磨河主谷中的甘河，由此也进入了磨河河谷中的白陉古道。

白陉东端不走磨河出山口而走紫霞关，似乎说明当时要从潭头一带穿越红色嶂石岩的长崖，比经行“没牙豁”“女儿梯”更为困难。不过，古之陉道与今之交通已不能同日而语，现在经磨河由豫入晋，主要走的是磨河左岸的薄（壁）平（甸）公路，也称宝上路（宝泉水库上线），我考察时开车走的也是这条线，由薄壁西北行不远，就是一段极为曲折的盘山路，正是这段山路克服了红色嶂石岩构成的悬崖障碍，走完盘山路便是宝泉隧道，过隧道后，公路即沿红色嶂石岩悬崖的崖顶而行，直至潭头、平甸。另有一条公路——宝下路（宝泉水库下线），由磨河出山口向西沿谷底而行，止于潭头瀑布的崖脚。紫霞关方向现在也已修通了连接晋豫的公路，紫霞关之下已有隧道穿山而过。尽管如此，驴友们还是愿意经下午峪攀登女儿梯，去体验白陉古道的艰险。

滏口陉：太行第四陉
八陉中最为平坦的古道

出长治向东北方向走滏口陉，实际上是把长治、潞城、黎城、涉县这些太行山里的盆地串联起来。也正因为陉道上有一连串的盆地，所以滏口陉是太行八陉中地势起伏最小的，也是最易通行的，几乎感觉不到很大的地形反差，就穿过了太行山主脉，由山西进入了河北。滏口陉有东西两个陉关，西边是黎城的东阳关，东边即位于峰峰的滏口关。

滏口陉山西黎城东阳关附近的崇山峻岭，滏口陉从山岭下的谷地中通过。

东阳关古称“吾儿峪”，在地形上是黎城盆地东缘的一个山凹口，当地又称皇后岭。由黎城盆地到皇后岭，高差不及百米，坡度也不大，但这却是上党通往河北的要冲，因为皇后岭两侧山势陡起，这里是唯一的便利通道，而且越过皇后岭向东，便是一路下坡，去河北近在咫尺。皇后岭东侧有小口村，访问当地村民才知，这里也称壶口，因此东阳关也被称为壶口关。此壶口关与壶关县的壶口关又是同名不同地。壶关与长治之间，也有一个壶口，因北有老顶山、南有双龙山，两山夹峙，中间空断，地形似壶，故名壶口，古时为关，称壶口关，壶关县亦因此得名，但

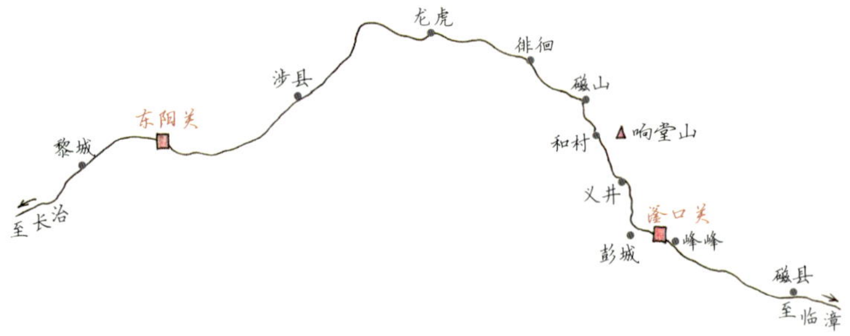

太行八陉第四陉——滏口陉路线图。

彼壶关为壶关盆地与长治盆地之间的要冲，而非太行八陉上的关隘。

小口村即是因东阳关而形成的关城，原来亦有关门与关墙，现已不存。村旁有蓄水池，与轵关的封门口村所见类似，估计这也和以前军旅商贾来往甚众，关城需满足供水有关。

过小口村往东行，穿行于山谷中，至下湾村即已进入河北境内，再往前过响堂铺、神头、椿树岭，地势便豁然开朗，清漳河由西北而来，河东岸便是河北涉县县城，远处群山耸立，提醒你这还是在太行山区，但清漳河两岸坦荡的原野，也表明前面不远就是华北平原了。

滏口陉向东经过涉县，已是无险可守，如果走直线向东经武安到邯郸是进入大平原最捷径的路，但滏口陉却在磁山镇拐了一个弯，顺着鼓山西侧的滏阳河向南，再顺着滏阳河折向东，穿过鼓山与麋山之间的“横谷”后，才来到滏口陉的东关——滏口关，它在唐代又称“昭关”。现在所见的滏口关关门及楼阁始建于明代，又称玉皇阁，是仅存的关口建筑。滏口陉之所以要选择这条路径，应当和曹魏、后赵、冉魏、前燕、东魏、北齐都以滏口关东侧的邺城为都有关，滏口陉向东延伸似应以古邺城为终点。古邺城在今河北临漳县境内，在滏口关东南约 30 多千米，由古邺城去上党，走滏口关自然是最捷之径。

滏口关北侧的鼓山，是一个近南北走向的长条状孤山，也是太行山在此地最靠东的一支余脉，滏阳河在其西侧和南面流过，鼓山东面就是一望无际的华北平原了，鼓山山岭中间有一个凹口，又把鼓山分为北鼓山和南鼓山，因其山峰凸起如鼓而得名。鼓山虽不如太行山主脉那样巍峨，但它海拔 700 多米的山峰高出两侧的平野有四五百米，依然显得突兀挺拔。 但现在人们几乎忘掉了鼓山这个本来的名字，而把它称为响堂山，只因为这里有举世闻名的文化瑰宝——响堂石窟，因此山被改称为响堂山，石窟也干脆被叫做响堂山石窟。

太行八陉上的文化遗产如线串的珍珠，数不胜数，但若论其文化与艺术上的独特价值，也许鲜有能与响堂山石窟相匹敌者，这也是响堂山石窟早在 20 世纪 60 年代初，就成为第一批国家重点文物保护单位的原因。这里现存石窟 16 座，摩崖造像 450 余龛，大小造像 5000 余尊，被称为“河北的敦煌”，但它的意义其实远远超出了河北省的范围。

公元 6 世纪的南北朝时期，北魏分裂出东魏，建都邺城，掌握东魏实权的高氏，已经谋划要篡夺权位，改朝换代，此时东魏开始在响堂山建造石窟，而高氏也开始把自己独特的风格与旨趣体现在了石窟造像中，不出几年，高氏便将东魏取而代之，建立了北齐。奉佛教为国教的北齐，在响堂山开展了更大规模的石窟营造，高氏选中响堂山并非偶然，因为北齐有两个政治中心，一个是国都邺城，一个是别都晋阳（今太原），两都来往必经滏口陉，而响堂山地处滏口陉要冲，风光秀丽，加上山体由寒武系、奥陶系石灰岩构成，石质细腻宜雕，给石窟建造提供了有利条件。北齐皇帝高洋不仅在这里大兴石窟，同时也修建寺庙和宫苑，作为滏口陉上的一处重要行宫。

有专家指出，包含滏口陉在内的从邺城到太原这一线，是一条北齐文化带，其中心就在响堂山，虽然响堂山石窟在规模上不及云岗、龙门等石窟，但它在文化与艺术上的独特性和原创性是其他大型石窟无法比拟和取代的。

响堂山石窟的独特价值主要表现在：它继承了北魏的风格，同时又具有开创性，由瘦削为美转到崇尚健壮敦厚，在直平刀法的基础上，加入圆刀法使造像的肌体更加圆润真实，服饰衣纹更加轻薄光滑、柔软适体，从而开了隋唐造像浓艳丰肥的先河；敦煌等西域石窟是泥塑加壁画，大同、云岗等石窟只有石刻雕像，而响堂山是石刻雕像、壁画兼而有之；它是短短 20 多年的北齐王朝留下来的佛教造像艺术宝库，其承前启后的典型特征，被称之为独一无二的北齐造像模式；它不仅是一个佛教造像石窟，还是北齐皇帝的陵墓之一，这种陵墓与石窟合一的制式也是绝无仅有，有专家认为它本为陵墓的享堂，“响堂”是“享堂”的讹传；除石窟造像之外，响堂山还有大量摩崖刻经，是我国最早的石刻佛经之地，而且石刻经文采用了一种全新的魏碑体，字体遒劲美观。

许多文化大家被响堂山石窟的艺术魅力所倾倒，郭沫若、鲁迅等都对它推崇备至。不过在动乱年代，它也成为不法之徒觊觎的对象。1925~1929 年，响堂山石窟和洛阳龙门、太原天龙山等许多石窟一样惨遭劫掠，被人盗凿卖往国外。由此也造成了响堂山石窟不少佛像缺头断肢的现象，至少百尊以上的北齐造像精品流落异邦，现散见于英国、法国、瑞士、加拿大、美国、德国、荷兰、日本等诸多博物馆或一些私人藏家之手。

2011 年 2 月，中美艺术家、考古学家通力合作，在美国华盛顿举办了名为“历史的回响：响堂山佛教石窟寺”的展览，展出的不仅有来自海外博物馆和私人收藏的 30 多件响堂山石窟造像精品，还有利用三维成像技术重构复原的响堂山石窟，从而再一次唤起了世人对这一艺术宝库的关注。

除了响堂山石窟以外，紧邻滏口关西侧，东倚鼓山与滏阳河的彭城镇也是一个非凡之地，它和清漳河南岸的观台镇一起，构成中国古代北方最大的民间瓷窑——磁州窑，磁州窑因彭城、观台古代属磁州而得名。无独有偶，彭城一带也是从北齐时开始烧造瓷器的，它应当与沿滏口陉形成的北齐文化带以及经济的繁荣有关，这里不仅水陆交通皆便，而且盛产煤和一种叫“大青土”的高岭土，为大规模窑场的建立提供了良好条件。磁州窑至北宋开始兴盛并形成了自己的独特风格，以生产白釉黑彩瓷器著称于世。这种白釉黑彩的形成并非偶然，一方面，大青土制作的胎体质地较粗、颜色较灰，因此采用一种白色的化妆土抹在瓷胎表面，增加它的白度；另一方面，磁州窑是民窑，需大批量生产实用性的器具，不像官窑那样工笔五彩，精绘细刻，所以采用最简单的黑白对比以及不打底稿的随手即绘。但经过长期磨炼，这种即兴手绘也达到极高的艺术造诣，并因它的洗练洒脱、淳朴自然而备受青睐。自宋至民国，由于磁州窑的瓷器行销四方，当地瓷业盛极一时，彭城一带也以“北方瓷都”闻名，号称“南有景德，北有彭城”。至今，彭城瓷器仍属国内瓷器之翘楚。

与彭城“瓷都”相对应，滏口关东侧则是 1949 年以后，因峰峰煤矿的开发而形成的峰峰矿区的城市聚落，滏口关东西两侧连成一片的城镇街市，使滏口关成为现在太行八陉中少有的坐落于车水马龙闹市中的陉关。

井陉：太行第五陉
太行山的路没有哪条有井陉重要

丁文江先生认为，“太行山的路没有哪条有井陉重要，因为它是太行山里唯一可走大车的路”。丁先生的看法，有井陉古驿道的遗迹为之佐证。《史记》所谓：“今井陉之道，车不得方轨，骑不得成列”，表明古之井陉道虽可行车，但因山路崎岖，车不能并行，马匹也不能排成行列，但这并不影响井陉对于沟通华北平原与太原盆地的重要意义，而且 20 世纪初兴建的正太铁路，以及现在井陉道上的省道、国道、高速公路、客运专线等都在证明这条通道的重要性。

山西与省外连接的第一条铁路，也正是沿着井陉道修建的正太铁路，也许很少有一条铁路能像正太铁路那样，对一个区域的城市聚落分布产生如此重大的影响，正是由于正太铁路的修建，才诞生了河北省的大城市，也是今日之省会——石家庄。

这条 1904 年动工、1907 年建成的铁路，由法国巴黎

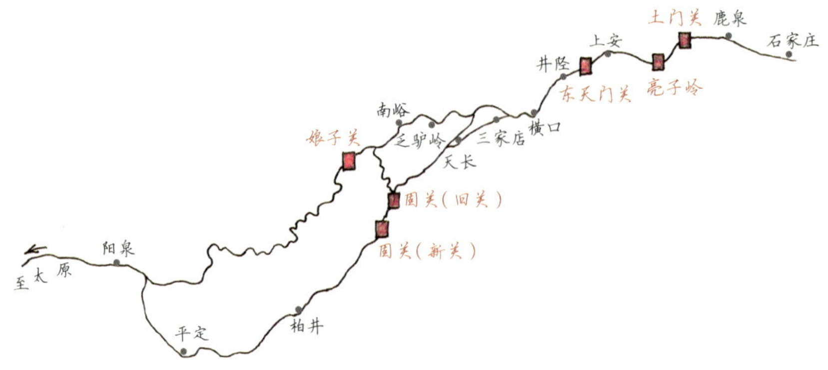

太行八陉第五陉——井陉路线图。

井陉附近的长城，在北国雪原之中如龙蛇蜿蜒。

银行公司借款并组织施工与管理，1932年中国政府还清借款本息，1933年路权收归国有。铁路东与京汉铁路相接，起自当时的河北正定府境，西到太原，故名正太铁路，东端最初选择在柳林铺，后因法国总工程师埃士巴尼提出为节省费用，平原地区路线需取直，而南移至石家庄，因石家庄当时仅为一小村庄，名声不响，故取3.5千米外的大镇——振头为站名。石家庄一旦成为正太、京汉铁路交汇点，便因交通转运枢纽的作用而迅速发展起来。如今，柳林铺、振头都已被石家庄城区包括，成为了这个大都市中的小区，而沿着井陉道延伸的这条铁路干线，也由正太线改称为石太线了。

正太铁路修建之初，因井陉道路崎岖及经费所限，法方设计为 1 米的窄轨，又称“米轨”，与法国修建的滇越铁路同出一辙。当时清政府要求修成 1.435 米的标准轨，与京汉铁路“一气衔接”，但因需追加 1 亿法郎借款而作罢。而正太、京汉铁路不同轨，导致当时私营企业在石家庄大量兴建道岔，同时带动转口搬运业急剧发展，这也是促进石家庄人口聚焦、加速城市化的重要因素。1939~1940 年，为战时需要，日伪政府将正太铁路改建为标准轨，又于 1940~1941 年修建了石家庄至德州的铁路，使正太、京汉铁路与津浦铁路相通，石家庄亦成为了正太、京汉、石德

三线的十字交叉点。

无独有偶，山西省的第一条高速公路——太（原）旧（关）高速，也是沿井陉道而修建。太旧高速于1993年5月18日奠基，1996年6月25日全线建成通车，它向东与先于1995年10月18日通车的石（家庄）太（原）高速河北段连接。这条走井陉道，越太行山的高速公路，也是全国第一条山区高速公路。

正因为井陉极为重要的战略地位，许多重大的历史事件，就像走马灯一样在井陉道上一场接一场地演出。例如，楚汉相争，韩信背水一战击败项羽分封的赵国主将陈余；唐代安史之乱，郭子仪东出井陉关击破史思明；元末徐达

井陉固关（新关）附近的长城以及穿关而过的太（原）旧（关）高速公路（现为G20青银高速公路的一段）。

西入井陉，攻占太原击败扩廓帖木儿；八国联军攻占北京的次年 1901 年，德法联军进击山西攻陷娘子关；1937 年日军由井陉攻占娘子关并导致太原陷落等。

在太行八陉中，井陉最为复杂，一方面井陉道由井陉向西分为两支，成为复合陉道，一支经娘子关到阳泉，一支经固关到平定，然后在阳泉以西再汇合，经寿阳、榆次去太原；另一方面井陉道上陉关众多，东有土门关，中有东天门关，西有娘子关、固关、柏井堡、榆关，而且土门关、固关均是双关城。

我们是由鹿泉出发西行去考察井陉道的，鹿泉是紧靠石家庄市区西侧的县级市，唐开皇十六年（596 年）始置鹿泉县，唐天宝元年（742 年）改称获鹿县，获鹿之名延续 1000 多年，直到 1994 年获鹿县改为鹿泉市，又回到更老的古地名，但因获鹿一名沿用久远，许多人仍只知获鹿而不知鹿泉。

由鹿泉西行不远，即到达井陉东端的陉关——土门关，华北平原至此转为太行山的前山，北有莲花山、南有卧鱼山，土门关夹于其间，太平河由山岭间蜿蜒而过，又把土门关分为东、西两关，从而形成东土门和西土门 2 座关城，现为东土门村、西土门村。东土门原有东、南、西 3 座关门阁楼，现仅存西阁；西土门的东、西两座关门阁楼尚存。所幸的是 307 国道从土门关旁侧而过，东、西土门村均得以较好地保留了原来的关城街坊格局，一条主道通过关门穿村中而过，院落小巷分列两旁，村宅皆是传统的平房围成的一个个四合院。东土门的西关门阁楼上有“三省通衢”的题刻，现在的太平河已成一条干河，穿过干河床就是西土门的东关门楼，上有“土门关”的匾额以及“山辉川媚”题刻，门洞下青石古道上深深的车辙印仍历历在目，西土

井陉东天门关关楼下陉道上的车辙印。

门村长街的另一头就是西关门楼，门额上刻的是“山陕通衢”。土门关一带谷地开阔，关阁及关墙均较低矮，因此古时土门关可能更多的是井陉道上的一个商贸关卡和集市，而非一个军事上的关垒。

由土门关往西，真正西入太行的隘口是在亮子岭、下安、上安一带，这几处的关阁、古陉道皆存，亮子岭的关阁石匾上，有清乾隆年间所刻的“陉山界地”4字，两侧山岭夹峙，西边不远就是太行山东部的井陉盆地了。发源于太行山深处寿阳一带的冶河（井陉以上称桃河）流经阳泉、娘子关后，由南向北穿过井陉盆地，在平山县北侧注入滹沱河。冶河古称绵曼河，韩信背水之战即在此处。井陉、阳泉这两个盆地是井陉道上以煤矿著称的聚宝盆，有趣的是，和滏口陉上的峰峰、彭城类似，借助井陉的煤土之利和水陆运输之便，这里形成了以井陉窑著称的瓷器产地，它兴起于隋，繁盛于金，延续至清，与磁州窑、邢窑、定窑同为河北境内的著名古窑。

古之井陉道要由东往西进入井陉盆地，还得经过盆地东边白石岭上的东天门关，也即白皮关。东天门关西距井陉县城约四五千米，正当白石岭上一狭窄山坳口处，这个山坳口是井陉东出华北平原最捷径的通道。幸而后来的正太铁路、G307 国道向北绕了一个弯，经三合庄、岩峰入井陉盆地，G20 青银高速也从井陉盆地南边的山岭经北良都

被称为“秦皇古道”的井陉东天门关的陉道，陉道上有深深的车辙印，此处也是历史上为平整陉道，在基岩上不断向下凿深的地方。

村而过，它们都避开了东天门关的古陉道，从而使这一段井陉古道较完整地保留了下来。

由东向西上白石岭，坡上路旁有 3 间石砌小屋，正中小屋门楣上刻有“立鄙守路”4 字。鄙，是指距离国都很远的地方，表明这里是古代驿站，门前有长方形饮马池及盘龙石雕护栏。经专家考证，驿站建于清嘉庆年间，路旁还有清雍正和道光年间的修路碑刻，它和苏州横塘的一座古驿站同为中国仅存的两处古驿站。

由驿站上行不远，路边有一石坪，立有“秦始皇歇灵台”石碑，是否真为秦皇歇灵处不可考，但这段古驿道被称为秦皇古道还是有出处的。据《史记·秦始皇本纪》记载，秦始皇第五次巡游天下时，死于沙丘平台（今河北广宗县境），同行的李斯、赵高等秘不发丧，每日仍向秦皇之车奏章和献食掩人耳目，并用腐鱼掩尸臭，驱秦皇灵车经井陉至九原（今包头一带），再从直道（北起包头南至陕西淳化的古道）回咸阳。

由秦始皇歇灵台上行约 300 米，就到了东天门关，建于明清的东西两座关门阁楼犹存，东门门匾上题有“西通秦晋”4 个蓝底金字。沿途古道车辙清晰可见，道宽 2.85 米，关前车辙尤深，可达 30 余厘米，车辙的中距在 1.2 米左右，与秦始皇“车同轨”的 6 尺轨距非常接近，似乎说明自秦以后，古之大车的轨距变化不大。东门阁楼下的古道开凿于山体基岩上，车轮长期碾压，车辙深到车不能行时，工匠就把高于车辙的路面凿平，再凸再凿。原来门洞拱顶距路面约 5 米，由于不断向下凿平路面，现拱顶距路面已经达 9 米，路面岩基数百年间竟被削下 4 米。西门阁楼下的驿道为人工铺石，车辙碾压处有换石痕迹，古代工匠还发明了六方石铺路，一面被轧成凹形时，还可翻转使用 6 次。西门阁楼西侧长约 70 米的陡坡路面上，每隔 20 米左右，就砌有一道 0.3 米厚的立石，供上下坡的重车防滑或减速。

东天门关因受地形所限，关城不大，东西关门相距不足 50 米，关城内还保留有驿铺、戏楼遗址，当时供驻守兵吏及过往行人歇息之用，而白石岭东西两侧坡麓的白王庄村、五里铺村，也许才是依托东天门关形成的陉关聚落。

过井陉县城所在的微水镇西行，我们先去娘子关，途经乏驴岭，因传张果老所骑之驴困乏于此而得名。这里有正太铁路的隧道从乏驴岭下穿过，隧道西口与横跨桃河的大桥相接，乏驴岭村即位于隧道西口旁的山坡上。1943 年正太铁路局部改线，乏驴岭铁路隧道和大桥均被废弃，现桥面已铺上水泥，可通小型车辆，是去乏驴岭村的必经之道。大桥系当年法国公司建造，是一个跨度 75.5 米的单跨钢梁，全部用铆钉铆接，过桥进入隧道，发现隧道竟是如此窄小弯曲，与现在的铁路隧道完全无法相比，但它和大桥一起，为我们保留了正太铁路最初的风貌。

从地形来看，井陉道上的陉关以娘子关和固关最为险要，因为它们都处在井陉道与太行山主脉相交之处，现皆属山西境。早在春秋战国时，中山国就由北向南在龙泉关、倒马关至娘子关、固关一线修筑了太行山长城。明代的太行山长城基本延续了这一走向，将内长城延伸到了娘子关和固关。

娘子关亦称苇泽关，位于两山夹峙的桃河右岸，它的陉关建筑在太行八陉中保存最完好，包括街市规整的关城、东西两座关门以及与长城相接的关墙。我们由东关门而入时，可以看到关门墙上密布的弹痕，这应该是 1900 年以后，

井陉娘子关的东关门及其门楼上的累累弹痕。

历经多次战火留下的，这也说明了娘子关在军事上的重要意义。娘子关关城得以完整保留的一个原因，是关城所在地势狭窄，不便扩展，后来娘子关镇的新街区皆建在西侧的桃河河滩上。娘子关西关门上有“京畿藩屏”的题刻，而关墙上的垛口皆朝向西面，这表明了明代娘子关的主要功能是拱卫井陉以东的华北平原和京城。

我们经由娘子关至固关的县道公路南行到达固关。娘子关的名气虽然比固关要大得多，但与固关相比，娘子关只是偏关，因为以前走大车的官道是经由固关的。固关的这条大车道向东延伸，也就是通往东天门关的驿道，由东天门关、微水镇至固关，其间要经过横口、北张、郝西河、三家店等村镇，这些村镇虽不是重要的陉关，但都是井陉道上的重要驿站，村镇两端多还保留有门阁，陉道穿门阁和村镇而过，道上亦多有车辙遗迹，整体格局与土门关等陉关的关城并无二致，这些村镇还保存有驿站的换马店等旧址，也不乏清代官绅富商的宅院府弟，例如横口镇上清代乾隆年间所建的解元府，这些都可证明当时井陉道上的繁华景象。

井陉道上固关（新关）的关门，历史上过关车轮的碾压，在陉道上留下了深深的车辙印。

固关原称故关，包括历史上的旧关和新关，因此固关这个双关城并非同时存在，而是陉关迁移的结果。旧关在东，明正德元年（1506 年）所建；新关在西，明嘉靖二十一年（1542 年）迁建。旧关建筑因修建青银高速公路被拆，现在高速公路旁仿建了一座关楼。新关也因 307 国道穿过使关墙中断，新建了一横跨公路的门廊代替。旧关和新关历史上都形成不小的关城聚落，现分别为旧关村和新关村。从地形上看，旧关位于一平缓的山丘顶面，是井陉道上的一处制高点，而新关则位于山谷之隘口，且与两侧的明代长城相连，从军事上看，新关更易扼守，这也许是固关迁移至此的原因。登上新关旁边的山头远眺，逶迤的长城在山岭上如龙行蛇走，间或有高大的敌楼耸立，更显气势磅礴。

由固关西去，经平定、阳泉，虽还有柏井堡、榆关等驿站关卡，但已无大的险阻，抵达榆次、太原只在弹指之间。

蒲阴陉：太行第六陉
位置最为扑朔迷离

太行八陉中最令人扑朔迷离的就是蒲阴陉，对它的位置历来颇多疑问。清代的顾祖禹认为涞源经紫荆关到易县这一路是蒲阴陉，它在涞源与飞狐陉相接，许多关于蒲阴陉的描述多从此说。丁文江据此也认为飞狐陉与蒲阴陉本属一陉，是文人为了凑成“八景”式的“八陉”，硬把它分为两陉。蒲阴陉疑问有三：一是太行八陉其他六陉尚无两陉首尾相接的，都是独立成道；二是太行八陉的顺序是由南而北，如按蒲阴陉在涞源与飞狐陉相接的说法，蒲阴陉在南，飞狐陉在北，那么由南往北数，蒲阴陉应是第六陉，飞狐陉应是第七陉，但传统的排序中却是飞狐第六，蒲阴第七；三是太行八陉都与陉道所经地名有关，但由涞源至

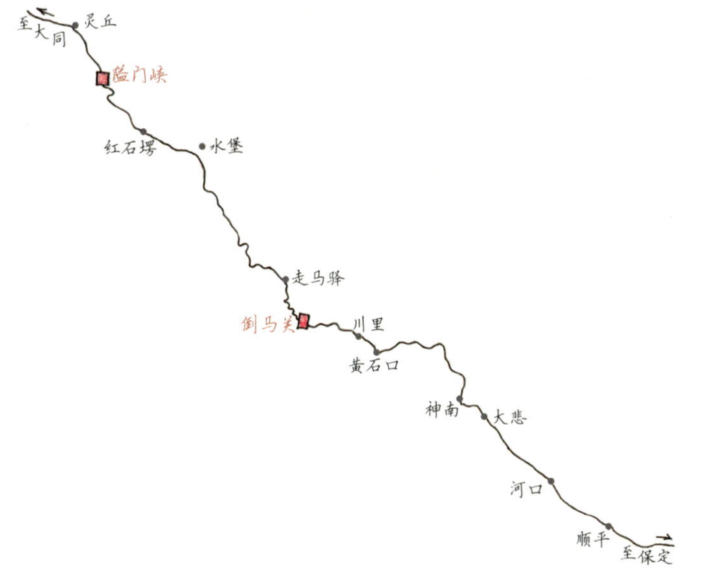

太行八陉第六陉——蒲阴陉路线图。

易县并无蒲阴之地。

要探究蒲阴陉的谜团，首先要看蒲阴究竟在哪里。经查阅史料，蒲阴在历史上有两个地方，命名时间一先一后，先者是在今河北顺平，秦置曲逆县，因县境有曲逆河而得名，后来汉章帝不喜“曲逆”其名，于东汉元和三年（86 年）改称为蒲阴县，北齐天保七年（556 年）易名北平县后，再未称蒲阴；后者是在今河北安国，原为义丰县，宋代改称蒲阴，设有祁州、蒲阴郡，辖蒲阴、鼓城、深泽三县，此地蒲阴之名延续至明代，清代为祁州所代替，民国年间改称安国。

中国古代，水之南称阴，水之北称阳；山之南称阳，山

之北称阴。汉章帝改“曲逆”为“蒲阴”，是因为曲逆城在蒲水之南，蒲水是曲逆河的支流，蒲水出自今顺平县北 20 千米的蒲阳山，蒲阳山之名大概也因为此山位于蒲水之北所故。而安国之境称蒲阴并无相应的地望可寻，宋代义丰县改名蒲阴，大概是借用了蒲水之南的蒲阴旧名。由上可知，无论是顺平还是安国，古之蒲阴都在今保定西南一带。

按照太行八陉命名的惯例，蒲阴陉一定是穿过太行山通往蒲阴地的陉道，蒲阴旁的保定、定州，皆为古之重镇，且可通达华北广大区域，此陉道自然也具有重要意义。

如果把涞源至易县的道作为蒲阴陉，显然是南辕北辙，此道出山后，偏离南边的蒲阴很远。而太行山中本来就有

太行山中山西灵丘盆地与山西忻定盆地之间的重要关隘——平型关，也是内长城上的要塞之一，因抗日战争中的著名战役而闻名。

一条大道直通蒲阴，这就是唐河道，它也被称为灵丘古道。唐河道西起太行山中的灵丘盆地，往北可越恒山经浑源去大同，往西可通忻定盆地，唐河道由灵丘往东，顺唐河河谷而行，经隘门峡、红石楞、走马驿、倒马关、川里镇，在神南乡离开了向南弯转的唐河，继续取直线经大悲乡、河口乡而至顺平，再由顺平去保定已近在咫尺。

由于唐河道西通大同，东连冀中，因此对于中原和塞外之间的军事和商贸有重要意义。例如，北魏开国皇帝拓跋珪在大同附近称帝后，主要利用唐河道进图中原，据记载他曾在北魏天兴元年（398 年）发兵万人修从蒲阴一带的望都经倒马关到大同的灵丘古道。北魏孝文帝拓跋宏在太和六年（482 年），又调集 5 万人“治灵丘道，自代郡（今山西大同）、灵丘南越太行山至中山（今河北定州）”，因此北魏一代对唐河道的开辟至为重要。此外，古之恒山在倒马关南侧，今之恒山在灵丘北侧，皆傍依唐河道，因此这条道对需要祭祀北岳的中原朝廷来说也很关键。

我实地考察了由浑源经灵丘至倒马关这段唐河道，古驿道以及现今的 S203、S201、S332 省道均沿河谷而行。沿途谷底平整，除局部峡谷段外，大部分河谷都较开阔。由于唐河道是典型的“横谷”陉道，其间无大山阻隔，通行容易，符合陉道选择的基本规律。据倒马关的村民说，从倒马关走唐河道步行去定州、保定仅需 1 天半至 2 天，由此估计，从灵丘步行至蒲阴，走唐河道仅三四天即可到达，若是古代快马，则更要迅捷得多。

因此，从陉道与蒲阴的位置关系、陉道的最捷径与易通行、陉道的重要性等方面来看，作者认为，真正的蒲阴陉应该是唐河道，其重要的陉关应该是倒马关、走马驿、隘门峡。

古文字学家李零也认为涞源到易县这段路绝不是蒲阴

陉，因为陉之名都和地名有关，而蒲阴古城在保定附近，他认为蒲阴陉应该是涞源经五阮关和五回岭到保定的道，但他仍然把涞源作为蒲阴陉的一个起点。问题是，五阮关即紫荆关，如果由涞源去蒲阴走五回岭，并不经过紫荆关，那样太绕，而是经浮图峪、杨家庄、兰家庄、桥家河、坡仓，翻过五回岭后，经口头、甘河、猫尔岩、管头至满城及古蒲阴地。五回岭是因为地势险峻、道路曲折回转而得名，它的北侧紧邻著名的狼牙山，狼牙山也是类似于白石山的白云岩塔峰地貌，故而险峻峥嵘。翻越五回岭的这条道也被称为五回道，五回道不太可能是蒲阴陉，因为即使由涞源去蒲阴一带，也有更易行的由下北头至走马驿这条道，这条道也是现今G207国道的线路，到走马驿后顺唐河道

蒲阴陉倒马关附近的长城及残破的城垣。关城的建筑虽已不完整，但仍透出险关要隘的气势。

而下，去蒲阴更平坦快捷，而不会舍易取难走五回岭。另外，前面已说过，如果蒲阴陉以涞源为一端点，则与飞狐陉相接，这在太行八陉中不合常理。实际上，确有历史资料提到蒲阴陉的一个起点是在灵丘，而不是在涞源。把涞源至易县的陉道作为飞狐陉的自然延伸也似乎更为合理，如此，则涞源应该是飞狐陉的中点，而不是终点。

清雍正《山西通志·山川卷》就把灵丘东侧的隘门峡视为蒲阴陉之入口，它描绘说："由隘门山峡入，取道岩石间，路裁容骑。右壁峭插千霄，左则绝涧数百丈，下有怒湍，以晴雷起于足下。"但当我由灵丘东入隘门峡时，并未感觉到有如此惊险，也许古时陉道是在山崖上而过，故有"绝涧数百丈"，现今S201省道沿谷底而行，虽然公路顺着曲峡大幅弯转，但道平路阔，通行方便，不过，奔腾的唐河水依然在峡谷中咆哮如雷，两侧悬崖矗立，还是不失险隘雄关的风貌。

出隘门峡不远就由山西进入了河北境内，顺唐河下行来到走马驿，这里东可至保定，南可去阜平，北可到涞源，古代是一个重要驿站，现在是一个公路交叉的十字路口，走马驿给人最深的印象是来往的运货大卡车络绎不绝，在镇旁排成长队，镇上的店铺多营汽车修理，显示出走马驿作为交通要冲的重要性。

走马驿至倒马关的这段河谷，展示了唐河风光秀丽的一面，平坦的河湾，两岸田畴连片，树木繁茂，红砖青瓦的民居掩映其中，河曲两旁不时有奇崖异石，在唐河右岸现已辟有大石峪景区，以花岗岩形成的山石水景著称，也是一处国家森林公园和自然保护区。

倒马关是唐河道上的著名关隘，被列为长城的内三关之一。中国古代长城的修建始于春秋战国时期，但只有到明代，长城的建筑才达到登峰造极的地步，现在能看到的气势磅礴、雄伟壮观的长城都是明长城。明朝为拱卫京师，在北京至山西间构筑了内外两道长城，称为内长城与外长城，内外长城的东交汇点在今北京怀柔县的慕田峪长城附近，西交汇点在今山西偏关县的老营附近。此外，内长城在山西灵丘的三楼附近向南伸出一个分支，这道分支基本沿山西与河北省界的太行山主脉而行，向南可一直到山西左权县境内。所谓长城的内三关、外三关，除了偏关（偏头关）在内外长城西交汇点以西外，其他五关皆在内长城上，内外之分主要是依距北京的远近来划分的。内三关由南而北依次为倒马关、紫荆关、居庸关，外三关自东向西依次为雁门关、宁武关、偏关。除了内外长城外，明代在重要关隘处往往还筑有多重城墙，多者可达 20 多重。

倒马关属内三关之一，也说明了唐河道对于华北和京师防御的重要性。倒马关早在战国即设关，称鸱之塞或鸿上关，汉代称常山关，北魏称铁关或鸿山关。唐代《元和郡县图志》说："山路险峻，马为之倒，因名"。现关城为明代所建，分上下两城。上城建于明洪武初年，后因城垣狭小，明景泰三年（1452 年）在上城城南 1.5 千米重筑下城，即今倒马关村所在地。明成化元年（1465 年）又经过大规模整修，原有东、西、北三个城门，东、西均设有瓮城，关城城墙与唐河两岸山上的长城相接。倒马关至今仍然是一个规模较大的村落，关门仅东门的遗址保存稍好，但门楼已因穿村而过的公路而毁坏，公路两侧还残留有城墙，墙芯为夯土，外包青砖、青石或卵石，墙厚 4~6 米，高可达 10 米。东门墙外还保留有瓮城的一段城墙及一个拱门。除此而外，倒马关村周边还有一些城墙的残垣断壁，西门南侧的一段城墙保存较好，且已经过修葺。

飞狐陉陉道上的飞狐峪，峡谷中塔峰矗立。

飞狐陉：太行第七陉
飞仙狐鸣通塞外

按照上一节的分析，作者认为，飞狐陉不仅只是蔚县至涞源这一段，它还包括了涞源至易县的拒马道。因此，飞狐陉的陉关不仅包括陉道北端的北口，还包括陉道东南端的紫荆关。在太行八陉中，飞狐陉与蒲阴陉、军都陉常常被称为北三陉，它们的特点是邻近塞外，历来是北方游牧民族南下中原最捷径的通道。

涞源县古称飞狐县，飞狐陉因此而得名。飞狐一名的来源，据清光绪年间的《广昌县志》（涞源古亦称广昌）载：“县东北十里名飞狐山，相传有野狐食松子成仙飞去，近山人常夜闻狐鸣，邑旧名飞狐郡因此。”野狐成仙当然是神话，但传说毕竟与真实有缘，那么俗称的飞狐源于当地的什么动物呢？有人认为是果蝠，有人说是会滑翔飞行的鼯鼠，果蝠与鼯鼠都被俗称为飞狐，但果蝠分布于热带亚热带，在中国仅见于华南，不可能出现在太行山；太行山确有一种复齿鼯鼠，体长 300 毫米左右，尾长与体长差不多，毛色灰褐至棕灰，栖于山崖岩缝间，细草为窝，因前后肢之间有宽而多毛的飞膜，故能滑翔飞行，最远可达 200 余米，喜晨昏活动，以栎树叶、 松子、山杏、山核桃、石黄莲等为食，常从巢穴滑翔至树上取食，它的粪便就是有名的中药——五脂灵。据说山间有采五脂灵者，用于悬爬山崖的绳索常被鼯鼠咬断，因此都把绳索染成红色，以恐吓鼯鼠。令我没有想到的是，太行山中的复齿鼯鼠也就是俗称的“寒号鸟”，夏季毛色光鲜，秋季换毛脱落，冬季繁殖交配期常鸣叫求偶，所以有“寒号”或“狐鸣”之说。儿时小学课本中，讥讽寒号鸟因懒惰而困于寒冬，虽属无稽之谈，但作为童话却给人留下深刻印象。鼯鼠虽会飞，但毕竟是兽类，而非鸟类，如何把它的名字和鸟扯到一起，令人匪夷所思。

太行山中俗称“飞狐”或“寒号鸟”的复齿鼯鼠。

复齿鼯鼠外形似鼠似狐，但更近

“飞狐”（鼯鼠）的粪便，是著名的中药五脂灵，太行山中的五脂灵采集者用绳索攀爬于悬崖峭壁之上，他们把绳索涂成红色以防鼯鼠咬断。

于松鼠，在生物分类上，它也属于松鼠科，在太行山旅途中，我最常见到的野生动物就是松鼠。一日黄昏，我和同伴循飞狐陉道，驱车至涞源以北的飞狐山上，正准备停车观景，一只深褐色的“飞狐”便从车旁一闪而过，但究竟是松鼠还是鼯鼠，作为一个外行，在那一瞬之间实在很难分清。此时，荒草落日，山风劲吹，四野空旷，了无人迹，飞狐陉的苍凉冷峻，颇让人触景生情。

飞狐陉的最可观之景，即在涞源至蔚县这一段，现在虽有张（家口）石（家庄）高速公路穿山而过，但如果走高速，那将失掉许多感受与乐趣。我们沿县道公路北出涞源，经金家井、留家庄一带的平野，至团圆村附近开始翻山，经尹家铺一带的曲折盘山道，便上到了被称为马蹄梁的山梁上，这里也是南边的拒马河流域与北边的桑干河流域之间的分水岭。山梁平坦开阔，野草萋萋，因其居高临下，又被称为“空中草原”，极宜游憩、露营，现已辟为休闲度假区。“空中草原”东侧的黑石岭，是飞狐陉上的重要关口，明代建有城堡，曾驻扎重兵。

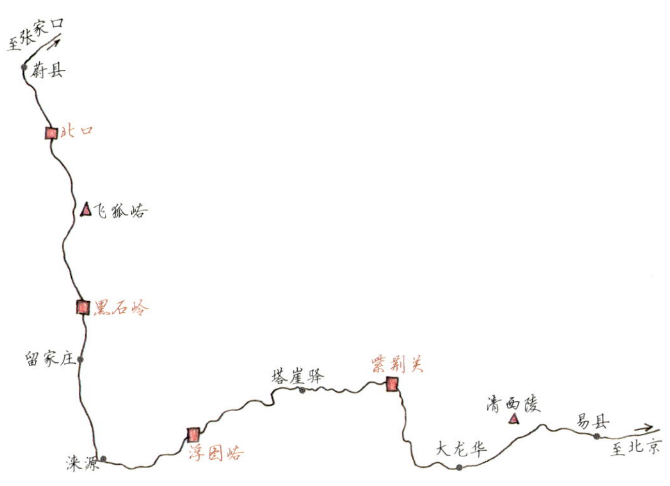

太行八陉第七陉——飞狐陉路线图。

由山梁向北而下，便开始进入长数十里的飞狐峪峡谷，并转入被称为“孟涞线”的 X418 县道公路。这段峡谷也被当地人称为“黑风洞”，其萧然森幽可见一斑。入峡谷后愈行愈奇，虽然天色昏暗，却让人眼前一亮，不仅两侧悬崖绝壁如刀劈斧凿，而且一座座白云岩层构成的塔峰，如巨笋破土，兀然突立。峡谷中，张石高速在桥隧中穿行，我们则驱车顺着峡谷在崖壁之间绕弯，路旁不时有如剑如指的石柱挺立，在天如窄缝、四壁合围的深涧中，更显得诡异莫测。

明朝崇祯年间的兵部尚书杨嗣昌，在《飞狐口记》中也曾激赏这段峡谷的景色，他写道：“山则如两翼分张，皆北向，而色紫黯如古铁，形竖削如指掌。残雪著肤，薄者如傅粉，滑者如凝脂，玲珑者如刻玉……左右山忽卓地起，如千夫拔剑，露立星攒……噫，造物者以何工鬼而为此山于此地，将为中外之限欤？何待中国之褊也？以为游观之美欤？”

也正是因为有发育在老白云岩中的塔峰群，飞狐陉的飞狐峪峡谷才成为了太行八陉中最漂亮的峡谷之一，而在涞源、蔚县、易县这个三角区域，竟然集中了白石山、飞狐峪、狼牙山等多处以塔峰地貌为特色的壮丽之景，不能不说是北太行的一大奇观。

往北将近北口，峡谷也渐渐展宽。北口扼飞狐峪峡谷出山之口，也称飞狐关、飞狐口，现在的蔚县北口村就是昔日的关城所在，但关门与关墙均已不存。飞狐口在古代不仅是军事要地，也是南北物资的重要集散地，历史上有“襟带桑干，表里紫荆”“紫荆关外旱码头”之称，从这些说法也可看出，飞狐峪这段陉道，与涞源经紫荆关至易县的陉道的确是一脉相承，若将其分为两陉，似于情势不合。北口虽曾繁华一时，但眼下已萧条了许多，现在当地的物流商贸中心是在北边不远的蔚县县城，但北口村古朴的街市民居仍然显示出厚重的历史韵味。

北口以北，便是一望无际的蔚县平原，壶流河穿过蔚县县城，向北汇入桑干河。蔚县平原因为地近塞上，海拔已达 920 米左右，与太行山内的盆地差不多，但当由蔚县

飞狐口今名北口峪，也称四十里黑风洞，飞狐口这一名称最早出现在汉初，是历史上名闻遐迩的古战场。

向南回望时，太行山连绵矗立的景观，竟然和由河内平原北望太行如此相似。

从涞源经紫荆关到易县这条道，我是由西往东行的。由涞源至紫荆关，陉道皆沿拒马河而走，张石高速、G112国道、京（北京）原（山西原平）铁路也在此段并行。途中有一个重要关隘——浮图峪，内长城由此穿过拒马河，明景泰二年（1451 年）在此建浮图峪关关城，设守备，城为圆形，南面靠山，三面环水，万历年间又经重修，是紫荆关西边的一道屏障。浮图峪关城的建筑今已不存，仅拒马河两岸的山岭上，还有长城残留。1940 年秋，八路军战地记者沙飞在浮图峪关南侧杨家庄附近的长城上，拍摄了一幅著名的照片——《战斗在古长城上》，从后来拍摄的照片对比看，敌楼已较当时有严重破坏。

由浮图峪东行去紫荆关，拒马河的河曲愈见发育，且随着河谷加深渐成曲峡，国道仍然随着曲流弯转，京原铁路和张石高速公路则凭着桥梁、隧道在拒马河旁直线穿行。京原铁路始建于 1965 年，1973 年正式交付使用，因受“文革”影响，原定 1970 通车的计划不得不推迟，当时是把它作为一条重要的战备铁路。京原铁路从北京西上太行，不仅克服了巨大的高差，而且沿途经过北太行的诸多名山大川、险关要隘，从而成为景色最为壮观的中国铁路之一，近年来颇受旅游者青睐。

紫荆关地位之所以重要，是因为它的东南面只隔最后一道大山，便是易县一带的华北平原了，这座大山就是易县西北的云蒙山。紫荆关刚好位于横穿云蒙山的山坳——也是一个典型之“陉”的西北口，这里也称紫荆岭，山坳东侧还有一不高的山头，这就当年日军中将阿部规秀殒命之地——黄土岭。有意思的是，拒马河并没有从这个坳口穿山而过，而是在紫荆关前折向北去。紫荆关东南面的这个“横谷”，是云蒙山东南坡的北易水河溯源侵蚀形成的。过紫荆关顺这个“横谷”向南，山势陡降，一路下坡，茫茫无边的平原已在眼前。因此，紫荆关关前既有拒马河之障，关后又当云蒙山横谷之扼，作为内三关的“锁钥”之一，的确名副其实。

由于紫荆关地处京师西南之侧翼，倘若关外之敌由此进袭，将从南面切断京师与中原的联系，加上居庸关方向的压迫，会使北京腹背受敌。因此古人视紫荆关的重要性更甚于居庸关。明朝大将于谦说：“险有轻重，则守有缓急，居庸、紫荆并为畿辅咽喉，论者尝先居庸，而后紫荆，不知寇窥居庸其得入者十之三，寇窥紫荆其得入者十之七。正如秦人守函谷，而不知武关不固，咸阳遂倾。蜀人守剑阁，而不知阴平已逾，成都先丧也。”明清之交的学者顾炎武也说：“居庸则吾之背也，紫荆则吾之喉也，猝有急则扼吾之喉而附吾之背。”

紫金关在先秦即被称为天下九塞之一的荆阮，西汉称上谷关，东汉称五阮关，北魏称子庄关，隋唐时名叫白璧关，宋金时又称金陂关，自宋中叶起称紫荆关，一直延续至今，相传因紫荆岭上紫荆遍野而得名。

紫荆关的军事地位历代都备受重视，尤其是在明代营造长城的过程中，像紫荆关这样的重要关隘，更是精心布置，层层设防。明代紫荆关关城有 9 座城门、4 座水门、19 处战台，构成以城内真武山为中心，向四外延伸的 4 个城圈，大城套小城的防御体系。古时由华北平原西越紫荆关，要先经过紫荆岭南麓的第一道关门——一重门，然后上南坡的十八盘坡道，过分水岭处的南天门、分水岭北侧的二重门，到达紫荆关关城，由南门进北门出，然后过拒马河。关城的主城被墙隔为东西两城，南、北门外均有瓮城，在南天

飞狐陉紫荆关关城的北门，关城城墙皆用花岗岩砌成。

门旁还有黄土岭城，拒马河北岸还有小金城，但原来这些如连环套般的关城建筑今已大多不存，现在的公路也使通过紫荆关易如反掌。

当驾车沿G112国道进入紫荆关镇时，并不能第一眼看到原来壁垒森严的关城遗址，经向当地人询问，拐进一条进镇的岔道，临近拒马河边时，才猛然看见山岭上挺立的紫荆关长城，长城与现存关城的连接处也因公路修建被截开一个大缺口，现残留的关城城墙包绕的范围，应当大致是原来的主城或内城。城墙皆用花岗岩条石砌就，仅城墙上的垛口为砖砌。有关专家称，整个城墙皆用条石砌筑者，在长城中极为罕见。关城北临拒马河，城北面的城墙及北门是目前保存最好的一段关城建筑，且已经过修整，但北门是朝东开的，位于城墙的一个转折处，拱形券门上有“紫荆关”与“河山带砺”两重门额。进北门后，右边有上城墙的梯道，城墙内现在仍然是紫荆关居民的住所，北门内的通道还存留了原古驿道的一些面貌，道宽不过2米左右，青石路面已残缺不全，两侧是冷寂的民居院落，热闹的街市已转移到关城南边的公路两旁了。

由紫荆关越岭东下，山岭渐低，地势渐阔，云蒙山的余脉支峦在山前起伏分合，在面朝平野、依山傍水之处，便是壮丽堂皇的名胜之地——清西陵。清朝12帝仅末代皇帝宣统无陵，除努尔哈赤、皇太极的陵墓分别为沈阳的东陵和北陵外，其余9帝陵墓均在关内，其中河北易县的清西陵有雍正—泰陵、嘉庆—昌陵、道光—慕陵、光绪—崇陵等4帝陵墓，清东陵有顺治—孝陵、康熙—景陵、乾隆—裕陵、咸丰—定陵、同治—惠陵等5帝陵墓。清朝入关以后，其皇帝陵寝的风水模式、选址、布局结构都深受明朝帝陵的影响，尤其是清西陵和清东陵，几乎就是明十三陵的翻版。

清西陵西起紫荆关，东到梁各庄，北起奇峰岭，南至大雁桥，云蒙山峰峦叠翠，构成了在西北面围合整个清西陵的“祖山”，乾隆时赐名其为永宁山，而云蒙山的十余条支脉则构成了围合各个陵寝的“少祖山”，加上北易水河及其支流平和清澈、蜿蜒其间，堪称风水宝地。

在清西陵中，我探访了雍正皇帝的泰陵。泰陵居整个清西陵的正中，建造最早，规模也最宏大，尤其是从最南端的五孔石拱桥，经石牌坊、大红门、具服殿、圣德神功碑楼、七孔石拱桥、望柱、石像生、龙凤门、三路三孔桥、谥号碑亭、隆恩门、隆恩殿等，至方城明楼和宝顶，竟有数千米之遥，而且建筑宏伟华丽，林、道、水、桥的空间组合深远阔达，尽显庄严铺陈的皇家气派。清西陵使这条连接西北塞上与华北平原的千古陉道更加熠熠生辉，引人入胜。

军都陉：太行第八陉
恃险无忧还是疑若可守

军都陉地处人们耳熟能详的八达岭长城，也许因为太熟悉，反而会影响对它的深入认识。军都陉的陉道就是由八达岭经居庸关至南口的长约 20 多千米的“横谷”——关沟，关沟大概也是因为此沟谷为重关险隘而得名。从地形上看，关沟比太行八陉的其他陉道似乎更为陡峻，由塞上高原直下华北平原的气势显得更为急促。

军都陉的中关——居庸关鸟瞰（由南向北望），可以看到 G6 京藏高速的主线和辅线均穿关而过。

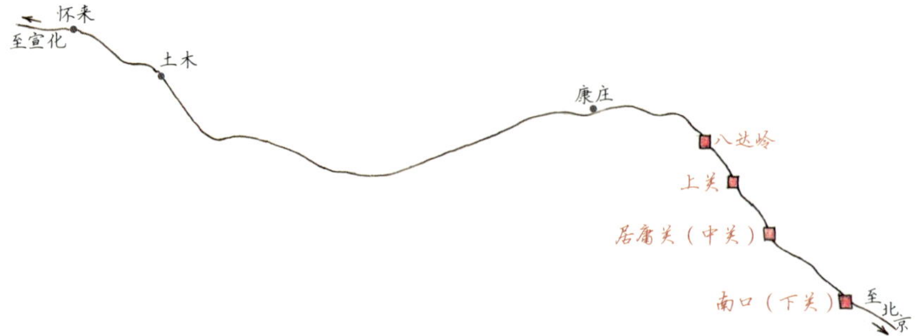

太行八陉第八陉——军都陉路线图。

军都陉的陉关——居庸，先秦时已有其名，且已被列为天下九塞之一，相传因秦始皇迁徙庸徒（服役的苦力）于此居住而得名。汉代称军都关，因在昌平旧城处设有军都县，所以山与关均因军都而得名。三国时曾称西关，北齐时称纳款关，唐代称蓟门关、军都关、居庸关，唐以后皆称居庸关。明代学者李贽过居庸关时，曾留下“重关天险设居庸，百二山河势转雄”的诗句。清代学者龚自珍在《说居庸关》中有十分细致的描写：“关凡四重。南口者，下关也，为之城，城南门至北门一里。出北门十五里，曰中关，又为之城，城南门至北门一里。出北门又十五里，曰上关，又为之城，城南门至北门一里。出北门又十五里。曰八达岭，又为之城，城南门至北门一里。盖自南口之南门，至于八达岭之北门，凡四十八里，关之首尾具制如是。”也就是说，军都陉由南而北有 4 个关城：下关（南口）、中关、上关、八达岭，其结构布局相同。4 个关城相距都是 7.5 千米，每个关城都有南门和北门，两门之间的关城之长都是 1 里。

现在人们习惯于只把上述的中关称为居庸关，而实际上原来的居庸关是指整个下、中、上关而言。八达岭之所以不称上关，是因为八达岭关设于明代弘治十六年

（1503 年）八达岭长城建成之后，而在此之前已有居庸的下、中、上三关了，原上关之北门就有“居庸关”门额。在八达岭关设立以后，总体而言，居庸关就成为了包括下、中、上关和八达岭关在内的 4 重陉关，正如龚自珍描述的那样。

在居庸关修筑长城，始于北魏，自那时起，居庸关才成为了长城上的一个关隘，而明朝除了大力整修原来的居庸三关之外，又在军都陉的制高点新筑八达岭长城，再设八达岭关，使之成为更为险要的居庸外镇和北门锁钥，因此有“居庸之险不在关（居庸关）而在八达岭”之说。龚自珍也说：“八达岭之俯南口也，如窥井形然. 故曰疑若可守然。”如果居高临下的八达岭不保，居庸关也就危矣。

由于军都陉是蒙古高原南下华北的最捷通道，而且直通历朝京师，因此居庸关的重要性不言而喻。《金史》称：“中都（今北京）之有居庸，犹秦之崤函，蜀之剑门也。”清代学者顾祖禹也说居庸关“处喉吭之间，司门户之寄，京师大命，尝系于此。虽古北有突入之虞，紫荆多旁窥之虑，而全军据险，中权在握，不难于东西扑灭也。居庸一倾，则自关以南，皆战场矣。”

和太行八陉的其他一些陉道一样，军都陉自古至今都不失其交通咽喉的地位。如今京（北京）包（头）铁路、G6 京（北京）藏（拉萨）高速公路等沟通首都与塞上重镇张家口、大同、呼和浩特、包头的通道，仍然不得不沿军都陉穿居庸关而走。而京包铁路的北京——张家口段（京张铁路），更是以中国人自己兴建的首条铁路而闻名。京张铁路的最难之处，自然是在南口至八达岭这个关沟的爬坡段，它要克服 500 米左右的地形高差，这在今天也许不

河北境内军都山上残破的长城，仍不失其雄峻的气势。这段长城修筑在花岗岩上，旁边可以看到花岗岩风化形成的石蛋。

是难事，但在20世纪初那样的技术条件下，以詹天佑工程师为首的团队，能以4年时间（比计划提前2年），只有外国承包商价银1/5的总费用，克服诸多技术难题建成该铁路，不能不说是一项壮举。

以前由北京去八达岭不止一次，这次考察太行山，我们走飞狐陉到蔚县，再经张石高速转宣（化）大（同）

高速到宣化，然后走G6京藏高速去八达岭，沿途穿桑干河及其支流洋河，而桑干河是北京官厅水库的重要水源，其下游即流经北京西南的永定河。一路上仍有山峦起伏，但河谷开阔、地势平缓，已是坝上高原，由宣化往东南走，经下花园、新保安、怀来、土木，地势才又逐渐降低。此一路，也是明正统十四年（1449年）蒙古瓦剌部也先率军进犯北京，大败明军，俘虏明英宗的“土木之变”所在地。

我们由宣化沿G6京藏高速去八达岭，在土木镇附近也遭遇波折，京藏高速与G7京（北京）新（乌鲁木齐）高速在此交叉，但立交路口的标志极不明显，结果误上了京新高速。往东不远，京新高速路上的车辆已堵成长龙，动弹不得，经询问方知有不少车辆都是错过G7与G6的路口又堵在这里，此时有不少当地村民骑摩托车来回穿行，称给120元钱，就可带车折返回到土木立交桥，重上G6。我们都不解高速路上如何能调头，一小伙子说保证能做到，让我们放心。因急于赶路，经一番讨价还价，80元成交，小伙子称这些钱还得打点高速公路收费站的路政人员。他带我们倒行不远，竟然可以把隔离带的一长段护栏推开，让我们转到对面的道上，仔细一看，此段护栏下面居然装有轮子，是可以移动的，看来没有路政的配合，这些村民也是做不成这生意的。联想到京藏高速屡屡爆出在北京外围严重堵车的消息，不知这其中有些什么样人为因素。虽然现今交通已非古代可比，但对道路的如此管理似乎又退回到蛮荒时代。

过官厅水库将近八达岭，路边有管理站，外地入京车辆都得在此办理入城证，幸得现在手续已简化，并未等候太长时间。过八达岭的北门锁钥关门，沿京藏高速辅路顺关沟而下，原居庸关上关关城今已不存，径直到了中关，即现在通称居庸关的地方。整个关沟在这一段地势最为开阔，适宜建造关城，因此中关在军都陉上的节点作用也最为重要，关楼雄伟高大，非一般陉关可比，关城城墙与在陡峻山岭上起伏的长城相连，公路穿过长城处亦改建成了门洞。居庸关最可观处，是关城的门楼以及横跨在原来城内驿道上的云台，云台实为元代所建的一座过街塔，上部已毁，现仅存基座，云台上的石雕精美绝伦，云台下青石铺成的古驿道还留有深深的车辙印。原居庸关关城内的街市建筑多已不存，代之以新建的仿古建筑，且皆为经营旅游品之商店。

龚自珍说居庸关“疑若可守然”，强调了居庸关在地理上成为凭险据守的关隘有其必然性，但同时又暗含了居庸关之险看似可守，实不足恃，以为恃险无忧是有问题的。

更深入地思考，“疑若可守然”，也不仅仅是就地利而言。中原王朝与北方草原帝国的战与和，是中国古代历史一个永恒的主题。中原王朝虽也有远驱游牧部族于漠北的武功，但他们面对草原帝国总体处于守势，因此才历代不绝地对长城进行营造与修建。北方游牧民族一旦入主中原，受中原农耕文明的影响，就会发生角色的转换，北方新崛起的草原铁骑又将成为他们凭长城、据险关的防御对象，例如，辽之于金，金之于蒙古。而一旦以汉族为主的中原王朝向北推进，对长城及其关隘的重视更是无以复加。

鉴于历史上的惨痛教训，尤其是眼见北宋遭受靖康之难的奇耻大辱与南宋苟延于江南并最终亡国，所以明朝对长城及其关隘的营造可谓前无古人后无来者，大有毕其功于一防线、以恃险而无忧的架势。城不可谓不坚，关不可谓不固，但最终仍然不能阻止流寇进京，清军入关，明朝覆灭，这一次来自北方的战胜者，竟然就是曾经颠覆北宋的女真的后代——后金，后来改称为清，历史再一次轮回重演。

看到居庸关这样的陉道要塞以及连绵不绝的长城，常常会联想到第二次世界大战中成为“摆设”的马其诺防线。在中国，历经春秋战国、秦皇汉武，直至明清以降，多少长城、险关、要隘，并未能真正阻止或改变外敌的入侵，朝代的更替，族群的兴亡。清朝南定中原后，康熙就曾说“形胜固难凭，在德不在险”，这是对历史经验的总结。他们对蒙古等北方部族也更多地实行“怀柔”与“德化”的政策，对长城及其关隘也更多地采取保而不修的策略。不过，无论沧桑兴废，太行八陉和许多斑驳的自然文化遗产一样，总是留给我们无尽的体味与滋养。

【卷五】 太行天路——挂壁直越万仞崖

太行山的陉道，是人们利用横谷、山坳等穿越险阻的自然通道，加以修筑而成。但在太行山的一些地方，人们苦于无路可寻，不得不在悬崖峭壁之上硬开出一条条通道，20 世纪 60 至 90 年代在南太行开凿的挂壁公路，就是这样的杰作。

南太行的挂壁公路共有七条，它们包括河南辉县的回龙、郭亮，山西陵川的锡崖沟、昆山、陈家园，山西平顺的井底、虹梯关，它们集中在晋豫交界处仅一百多千米长的地段，其中的锡崖沟、昆山、回龙、郭亮等四条挂壁公路都围绕在王莽岭附近。被长崖隔绝的一座座村落的先民，多是因逃避战乱与灾荒迁居于此，这里曾经是自给自足、安身自保的世外桃源。但当社会经济发展，村民需要与外界交流时，这些绝壁长崖，就成了他们出行的巨大障碍。

我走过号称天险的川藏公路，但我觉得它都难以和南太行的挂壁公路相比。虽然南太行山岭的绝对高度和相对高度都远不及中国西部的山脉，但在南太行，人们需要克服的是高数百米、几乎完全直立的悬崖，即使对现代工程技术来说，它也是一个巨大的挑战，何况当地村民是凭着最简单的工具、最原始的方法修起了这样的挂壁公路。

任村
河坪汕
虹霓
张井
虹梯关
臭水峧
碑滩
梯根
梯后
平顺
南谷洞水库
S76长（治）安（阳）高速
虹梯关挂壁公路
石板岩
东寺头
天脊山
西沟
井底
林州
井底挂壁公路
龙溪
杏城
石城
合涧
弓上水库
原康
鹅屋
树掌
茶点
至淇县
陈家园挂壁公路
三郊口水库
六泉
三郊口
陵川
陈家园水库
郭亮挂壁公路
南寨
沙窑
郭亮
昆山
万仙山
西平罗
S80陵（川）侯（马）高速
古郊
落龙
王莽岭
昆山挂壁公路
王莽岭旅游隧道
锡崖沟挂壁公路
锡崖沟
张沟
回龙挂壁公路
黄水
八里沟
回龙
上八里
辉县
开凿于红色砂石岩长崖上的挂壁公路
开凿于白色石灰岩长崖上的挂壁公路
省道、县道及乡村公路
高速公路

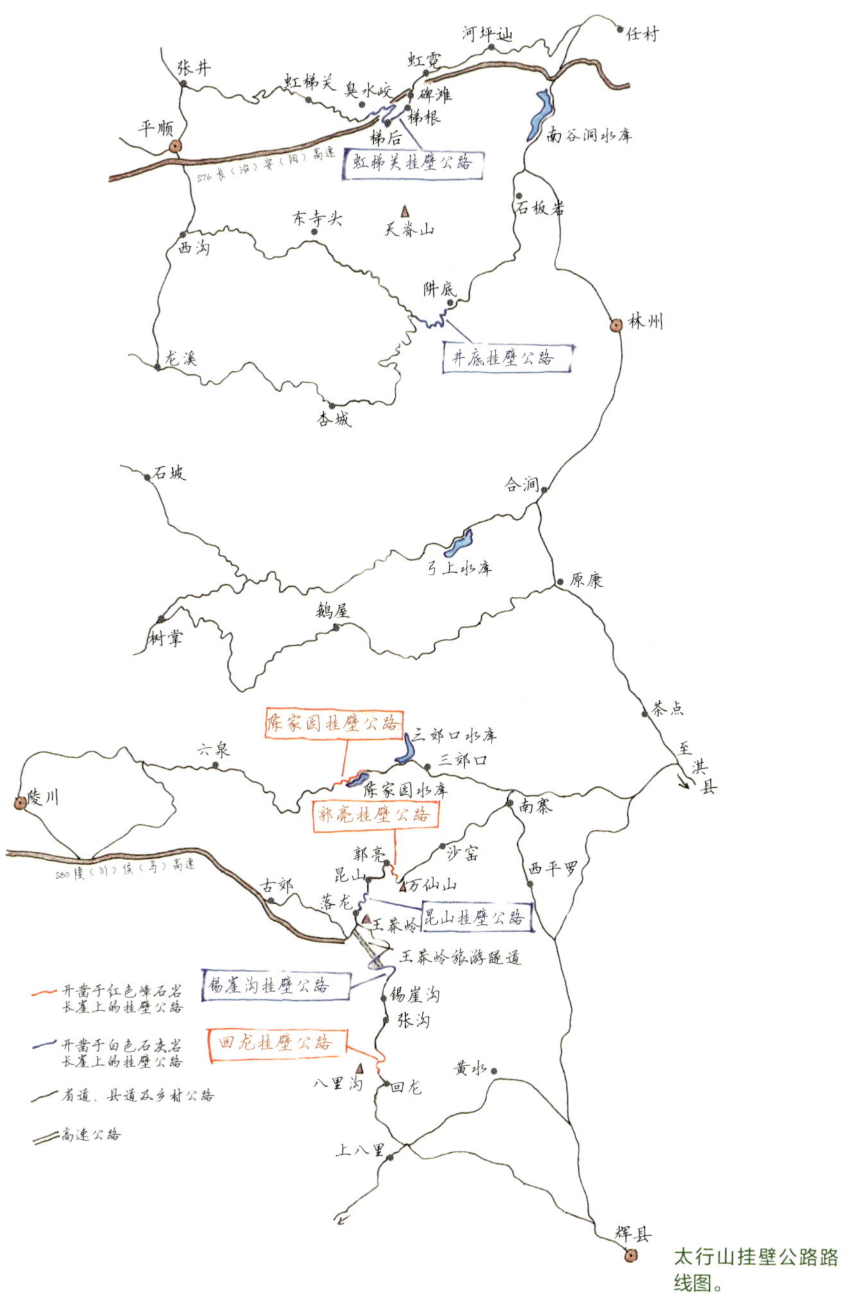

太行山挂壁公路路线图。

山西陵川县的
锡崖沟挂壁公路

在南太行的挂壁公路中，修建时间最长、工程量最大的，要算锡崖沟挂壁公路。锡崖沟是山西陵川县最东边与河南交界的一个小村庄，因传说古时曾有人在此冶锡炼丹而得名，有的地图上也标为西崖。

锡崖沟是一个南北走向的大峡谷，周围山峰三面合围，南面为峡谷出口。锡崖沟有 17 个自然村，200 多户人家，

锡崖沟挂壁公路一角，可以看到上下两层隧洞及其窗洞，锡崖沟挂壁公路正是凭着这样的之字形回转，才攀上了由石灰岩构成的悬崖。

800 多口人。村落几乎都分布在由红色嶂石岩构成的长崖顶面的平台上，锡崖沟在这个平台谷地的中央切出一条宽仅十几米，深达百米以上的红石深涧，并且形成奔流而下的瀑布群。

锡崖沟村的居民要出山，一是住北经过石灰岩构成的悬崖上行到陵川县，一是往南经过红色嶂石岩构成的悬崖下行到河南辉县。

锡崖村这个谷地，地势平坦，山川秀丽，但由于上下两重长崖的阻隔，不仅很难娶到媳妇，村里的女孩子也纷纷远嫁出沟。人们要离村外出，不得不在悬崖峭壁上攀行，不少人为此丧生，大批的水果、药材无法运出而烂掉。有人生了急病，抬到半路就咽了气。

1962 年，陵川县委的一位副书记下乡来这里，骑着马走到崖头却找不到下山的路，他回去以后，给锡崖沟拨了 3000 元钱，让村里修路。从此，村民开始了艰难而漫长的修路历程。

因为锡崖沟村属山西陵川县所辖，所以村民们力图打通的公路，是由锡崖沟村往北，穿越王莽岭西侧由石灰岩构成的长崖，上行去陵川的这一段。

最初，人们在悬崖上开出一条小道，只有胆大的人敢走，有一次村民赶了 27 头猪出山，结果仅走了 1 里路就摔死了 13 头。后来又换一条道修路，修到半途，无法前进，反而把山上的狼引进了村，村民们无奈地把这条道称为“狼道”。第三次尝试，人们想凿一个隧道钻出去，结果打了 100 米，碴不好出，烟无法排，交通局技术员说“以锡崖沟的条件，80 年打不通，5 代人不受益”，结果这个半截子隧洞变成了“羊窑”。

时光荏苒，从修路之初一晃就过了 20 年，1982 年，锡崖沟村重启筑路工程，他们请来工程师，制定了“依山就势，顺崖凿洞，天窗排渣，螺旋上升”的方案。为了筹集资金，村民拿出了准备娶媳妇的积蓄，献出了当年过门的嫁妆，变卖了菲薄的家产甚至包括给老人准备的棺材，就连村委会也卖掉了集体的树木、牛羊，几间办公室也作了贷款的抵押。

如果只从公路的一头由南向北推进，将耗时巨大，为了加快进度，只有在悬崖上开挖更多的工作面，而唯一的办法就是把人从悬崖上吊下去，在半空中抡锤打钎。赵全钮、林小宝等被称为“十勇士”的村民，就这样飞身挂在悬崖上施工，而且整整坚持了 5 个春秋，硬是在峭壁上凿出了一个个洞口。许多家庭都是 3 代人在筑路工地并肩奋战，妇女们则在家推碾、纳鞋、做干粮、补衣服当好后勤。

在当时的锡崖沟，当干部就是当筑路干部，接班就是接修路的班。在全村经济已山穷水尽，村民们已疲惫不堪的情况下，宋志龙由军队转业回到了锡崖村，接任了新一届村支书。他带领一批“敢死队”，卷起铺盖，带上锅碗，剃了光头，扎进工地，直攻地形最险要的“老虎嘴”，一干又是 1 年多。

1990 年腊月，60 多岁的老支书董怀跃，在一次爆破中抢先去排除哑炮，不幸被炸身亡，前去拉他的宋双保也在飞腾的巨石中丧生。那年春节，悲痛的气氛笼罩全村。挺过了最艰难的时刻，人们终于迎来了通车的喜悦。1991 年 6 月 10 日，修路的 30 年之后，当第一辆汽车开进锡崖沟时，全村男女老少每个人都点燃了一挂鞭炮，到处都是鞭炮声、欢呼声。

锡崖沟挂壁公路全长 7.5 千米，在王莽岭西侧的悬崖上或明或暗，曲弯三折，成“之”字形攀上山顶，隧道侧面每隔十几米就开凿有一个四五平方米的天窗，隧洞壁上岩石犬牙交错，还保留着当年人工开凿的痕迹。2003 年，政府投资将锡崖沟挂壁公路铺上了水泥路面，现在锡崖沟已成了王莽岭风景区的一部分，有越来越多的游客沿着挂壁公路来到这里。

2005 年，在锡崖沟挂壁公路旁，政府投资 6929 万元建成了长 2760 米的王莽岭旅游公路隧道，其施工环境也甚为艰苦，但施工期仅用了 8 个月，这和锡崖沟挂壁公路形成鲜明对照，但锡崖沟挂壁公路和它所昭显的太行人不屈的精神，却有着更为诱人的持久魅力。

河南辉县的回龙挂壁公路

由锡崖沟村往南过晋豫省界不远，就是河南辉县的回龙村。回龙村共有 239 户，960 口人，该村被红色嶂石岩形成的长崖分隔成崖上和崖下两部分，崖上由北向南有张沟、石板河、碓臼辿、后背、老君庵 5 个自然村，有约 400 口人。崖上的自然村和山西的锡崖沟村同样处在红色嶂石岩长崖的顶面平台上，因为属河南辉县所辖，崖上的村民要出山，走的是和锡崖沟村民相反的方向，即向南下行，经上八里去辉县，他们要克服的巨大障碍，是清峰关、老爷梯、沿猴梯一带由红色嶂石岩形成的悬崖绝壁，这也是回龙村崖上自然村的村民进出的唯一通道，就在这段被称为“摔死狐，跌死猴”的“老爷天梯”和“沿猴梯”上，先后摔死过 18 位村民。当地流传着一首民谣：“住在深山沟，守着光石头。穷得叮当响，鬼见都发愁。小伙打光棍，闺女往外走。”直到 20 世纪 90 年代，回龙村崖上的村民仍然过着点煤油灯，攀绝壁路，日出而作，日落而息的生活。

回龙挂壁公路的修建，比其他挂壁公路要晚，它的动工应当受到其他挂壁公路尤其是相邻的锡崖沟挂壁公路建成的影响。

回龙村的张荣锁 1980 年从部队复员后，为了改变自己贫困的生活，到煤矿采煤，开车跑运输，办石材加工厂，成了村里的“富翁”。也许是村民希望有“能人”带领大家致富，1993 年，张荣锁接任了回龙村党支部书记。同年，村里投资 30 多万元，先修通了崖下的回龙到暖窑、崖上的张沟到锡崖沟这两条公路，但从暖窑到青峰关这段穿越绝壁，连通崖上崖下的道路一时难以打通。

1997 年 11 月，担任筑路总指挥的张荣锁带领村里的筑路队伍开进山里，搭起草棚，开始修建长达 8 千米的挂壁公路，其中还包括 1000 米长的“S”形隧洞。为了掌握公路的弯度和坡度，他们向有关部门求助，但相关技术服务费用需要 16 万元，而当时村里的全部资金也只有 30 万元。张荣锁和村民们只好自己动手，冒着危险上下悬崖，用绳子测量每个洞口的高低，用塑料水管测隧洞的坡度，抓着悬崖边树木目测定位，用绳子把人吊到半山腰打眼放炮，开辟施工洞口。有一次测量时张荣锁从山崖上摔了下来，幸亏下面有棵树把他给绊住，才没有掉下悬崖。

2000 年春天，工程到了最紧要的关头，资金也出现了困难。张荣锁到处想办法借钱、贷款，他把自己多年的积蓄 72 万元都贴了进去，还廉价卖掉了自己的石材厂、门面房、轿车，筹了 26 万元。家里年迈的母亲、残疾的哥哥、上学的孩子，只能靠妻子上山割荆条、挖山药维持生计。回龙人把全部精力都投到了修路上，村民董勉祥在清理塌方时被砸成重伤，不幸去世。60 岁的哥哥董勉良，办完弟

辉县回龙挂壁公路的隧洞，开凿于红色嶂石岩的崖壁中，尽管石质坚硬，施工困难，但洞壁仍修整得较为平整。

弟的后事，又带领全家人上了工地。

2001 年 1 月 10 日，全长 1000 米、宽 6 米、高 5 米的青峰关隧道终于贯通，它意味着蜿蜒 8 千米长的回龙挂壁公路全线建成通车，村民们奔走相告，比过节还要热闹。回龙挂壁公路的隧道水泥铺地，水泥固顶，整齐的条石装饰侧窗，成了最为讲究的挂壁公路。而且，这个当时专家测算需要 3000 万元的工程，回龙村的村民自筹资金只用了 700 万元就把它修成了。

回龙挂壁公路通过崖上公路与锡崖沟挂壁公路相连，形成了一条新的晋豫通道，回龙沟崖上一带也已辟为风景区，与王莽岭景区连成一片。就在回龙挂壁公路修通后不久，回龙村又投资 3050 万元，在崖下公路旁建起了回龙扶贫搬迁社区新村，计划把崖上的居民全部搬迁到新村居住。因此，回龙挂壁公路建成以后的主要功能已发生转变，它正在成为一条主要为外地游客服务的旅游公路。现在兼任回龙风景旅游服务有限公司董事长的张荣锁，设想把旅游业当成全村人的主业。村里引进了外地投资商进行景区开发，然后将门票收入按比例分成，现在景区的 50% 股份为村集体所有。

因时间关系，我没有来得及去回龙挂壁公路，但我去了山崖下的扶贫搬迁新村。宽阔的公路穿过新村，两边是整齐划一的楼房，已搬迁到新村的村民多开有为游客服务的旅馆、饭店。虽是旅游旺季，新村还是显得有些冷清，进山的游客都径直走挂壁公路，去到崖上的回龙景区和锡崖沟，在新村停留的不多，路旁的村民似乎百无聊赖，正扎堆聊天。我问一些开店的村民，他们都说生意一般，而且季节性很强。看来，离开了土地的村民，要想转换固有的生产与生活方式，并提升自己的生活质量，也许会面临比修建挂壁公路更大的挑战。

河南辉县的
郭亮挂壁公路

在王莽岭的北面和东面，有两条地理背景和回龙、锡崖沟颇为相似的挂壁公路，这就是河南辉县的郭亮挂壁公路与山西陵川的昆山挂壁公路。

河南辉县的郭亮村和回龙村的崖上自然村一样，也是坐落在红色嶂石岩构成的悬崖顶端。郭亮村有 78 户人家，300 多口人，分为 7 个自然村。郭亮村所在的这个崖顶被称为牛角山。据说，郭亮村之得名，源于西汉末年王莽建立新王朝时，一位农民起义的首领——郭亮。他在今郭亮村一带凭险割据，后来在郭亮村东边一个叫做会逃汕的地方兵败失利，遁往山西。郭亮村虽以郭姓人名命名，但村中的大部分居民却姓申。据传，申氏家族元朝末期在南京做官，明初朱元璋定都南京后，将申氏家族发配青海。途中申氏家族从山西逃离，全族几百口人砸掉大铁锅，一户分一块锅铁，各奔东西，希望来年拼回原锅，全族团圆，故称“大锅申”，其中有一小部分申氏族人进入河南，躲进太行山，隐居于郭亮村。

相对而言，郭亮村的村民穿越红色嶂石岩的悬崖，下行去太行山前的辉县一带，要比回龙村的崖上居民容易得多，因为在郭亮村东边约 4 千米的会逃汕，有一道顺着悬崖石缝凿出的石梯，有 347 级台阶，垂直高度达到 100 多米，它也被郭亮村的村民称为“天梯”，它曾经是郭亮村村民出山的唯一通道，大概当年郭亮的山寨就是被人沿着会逃汕的这道天梯攻破的。陡峭石梯路仍然给村民的进出造成很大不便，特别是一旦有人生了重病，只好抬

着病人攀爬天梯下山，陡峭之处只能用绳子一段一段地往下吊放。

1972 年 3 月，当时的沙窑公社郭亮大队开始修建穿越悬崖的公路，要沿着 300 多米高、1000 多米长的垂直绝壁，自崖顶斜凿隧道下山，计划用 10 年时间“打穿牛角尖，把路修上山”。时任郭亮大队书记的申明信，组织了一个包括自己在内共 13 人的专业施工队，腰系大绳，身挂悬崖，挥锤打钎，开岩放炮。凿洞炸出的石渣，由全村的男女老幼在夜间空闲的时间清倒于崖下。施工队的副队长在一次施工排险中，不幸坠崖牺牲，他的兄弟又顶替他加入了施工队。

郭亮挂壁公路，是太行山最早开凿的挂壁公路，它的隧洞呈一条斜线穿过红色嶂石岩的长崖，克服了这个巨大的地理障碍。

施工的第二年就用完了队里多年积累的 3 万元资金、储备粮和社员捐献的钱物。大队又变卖了仅有的 1000 多棵成材树和 500 多只羊，仍不足以维持工程的进行。1975 年，在几乎山穷水尽的时候，山西陵川县林场来联系劳务，在莲花山上挖栽树的鱼鳞坑，一亩山坡挖 150 个，每个坑长宽各 60 厘米，深 30 厘米，挖一亩给 3 元钱。一个壮劳力 4 天才能挖一亩，就是这样的价格，全村男女老少都出动了，早上 5 点钟起床，爬 5 千米山路去挖鱼鳞坑，干了一冬一春，一共挣到工钱 3100 多元。申明信拿到钱后，村里人都围着他，让他赶快到城里去买钢钎、雷管、导火线、炸药。在没有机械、没有电力的情况下，村民们就是凭着这些简单的工具进行手工作业，在坚硬的红色嶂石岩崖壁上苦战了5年，打烂了2000多把8磅铁锤，消耗了12吨多的六棱钢钎，清理石渣2.4万立方米，终于在1977年5月，比原计划提前了5年，凿通了这条高5米、宽4米、长1300米的挂壁公路，总共耗资8万元。因为这条挂壁公路大部分路段都在隧洞中穿行，所以它又被称为石洞公路或“郭亮洞”。2001年，为了适应旅游发展的需要，郭亮村又投资40万元，对挂壁公路进行了扩修。

郭亮挂壁公路在南太行的挂壁公路中建成最早，虽然长度不算长，但它沿着崖壁开凿隧洞且每隔一段就朝外开一个窗洞的结构和施工技术，则开创了太行山挂壁公路的工程模式。这些沿隧道外侧开凿的窗洞，既可作为多点同时施工的洞口，又可在爆破施工中排烟排渣，公路建成后，又可为隧道通风采光，可以说是极具智慧的创造。

郭亮挂壁公路因为道路和洞体都较宽，而且露天路段的外沿都有石砌的防护墙，所以当我们驱车经过时，并未感觉到特别惊险，会车也还算方便。只有当你探出身，向路外侧的悬 崖下眺望时，才会感到些许惊悚。

郭亮村的绝妙之处在于可在郭亮洞对面的崖顶上，俯瞰整个挂壁公路的全貌以及崖台上的远近村落，还可以清楚地看到南太行双重长崖上下叠置的地貌结构。由沙窑乡至郭亮村的公路经过一段盘山道，在红色嶂石岩崖壁脚下接入挂壁公路，挂壁公路外侧一排排黑黝黝的窗洞，就像斜画在崖脚和崖顶之间的长长的省略号和破折号。时近黄昏，时隐时现的公路上，车灯或明或灭，让人平添几分幻想。山体下部的红石崖刚正平直，山体

由郭亮挂壁公路的隧洞内看峡谷对面的红色嶂石岩长崖。

上部的石灰岩山崖奇峰叠出，二者之间宽阔的平台上，则是田陌村落绵延，山石构筑的民居在树丛之间错落有致，一幅浓墨重彩、线条和谐、图案精到的南太行山水画跃然眼前。

因郭亮挂壁公路建成较早，郭亮村也已是一处成熟的、名声在外的旅游目的地，影视片制作者、摄影者、绘画写生者、山居休闲者趋之若鹜。现在这里属河南关山国家地质公园万仙山景区的一部分。

由郭亮村向南，沿着崖面上的公路曲折而行，很快就进入山西境内的昆山村范围，昆山村南边就是另外一条险象环生的昆山挂壁公路了。

注：1 吨 =1000 千克

山西陵川县的
昆山挂壁公路

我们由郭亮村前往昆山挂壁公路，刚进山西境内，就在后碑这个自然村堵车了，一辆装满沙石的卡车出了故障，正好挡在路当中。在这深山里的村道上，我们只好耐心地等待卡车司机修车。由这里远远地向南边眺望，石灰岩悬崖上一溜黑色的窗洞，正是昆山挂壁公路。天近擦黑，卡

以惊险著称的昆山挂壁公路，隧洞洞壁尚未经过很好的整修，濒临绝壁的路沿只是近几年才修筑了部分防护墩。

车终于能够启动让道了，我们抓紧赶路，经过昆山村以后，再攀上一段七曲八折的盘山弯道，便驶上了傍石灰岩绝壁而行的昆山挂壁公路。

昆山村位于王莽岭的北边，它的地理困境和锡崖沟村类似，也位于红色嶂石岩悬崖的崖顶，作为陵川县的下辖村，昆山村的村民要去陵川，也要向上翻越石灰岩构成的长崖，而这几乎就是一条绝路。因此从交通上说，昆山村和锡崖村一样，也是被隔绝于陵川县域边缘的一块孤悬之地。

修建时的昆山挂壁公路，在绝壁之上硬凿出一条可供车辆通行的凹槽，一侧是万丈深渊，其惊险自不待言。

昆山挂壁公路不像其他的挂壁公路，它不是完全由当地村民自筹资金建设，而是 1995 年山西实施“村村通”工程时，主要由政府拨款修建，同时有昆山村村民的义务投工和集资。当时，昆山村是陵川县唯一不通车

的行政村，所以，昆山挂壁公路的修建被称为陵川县公路“三通”（农村公路村村通、村内通、街巷通）的最后攻坚战。

昆山挂壁公路1995年4月开工，由7个包工队同时作业。修筑方式和其他挂壁公路如出一辙，都是从山顶上把工人吊下悬崖，在崖壁上开洞，分段施工。昆山挂壁公路全长约7.5千米，其中有2.5千米是隧道，悬崖的相对高度在500米以上。经过7个月奋战，1995年11月20日路基完工并通车。工程共完成投资96万元，土石方量15.5万立方米（包括村民义务投工9000余工日，每工以10元计，折合人民币9万余元；集资15万元）。当年昆山挂壁公路虽已通车，但路面工程尚未完成，路面不平，且道路狭窄，很多地段只能单车通过，加上路沿的防护墙、防护墩均未完成，所以行车风险很高。

2009年，当地政府又投资对昆山挂壁公路进行改造，包括砌筑防护边墙或防护墩、洞顶喷浆、铺设水泥路面，在解决沿线居民出行的同时，把它作为一条旅游公路，以连接王莽岭、昆山、万仙山等景区。

当我们驶上断崖上的昆山挂壁公路后，感觉比郭亮挂壁公路要惊险多了，虽是水泥路面，但路面窄，不少地方都只能容一辆车行，一旦对面有来车，麻烦就大了，双方都需要倒车，去寻求合适的位置才能通过，要命的是坡度既陡，一侧又是万丈深渊，悬崖的高度差不多是郭亮洞的两倍，而且一些路沿还没有防护墩，稍不注意就可能坠下悬崖。前面有一辆景区运送游客的电瓶车在上行，不过车上只有驾驶员，他说景区为保证安全，实行交通管制，单边放行，一般不允许自驾车通过。此时天色已暗，想来不会有太多车辆，我们继续上行。还未到挂壁公路上段的隧洞处，天就完全黑了，看不见路旁的悬崖，反而让人少了几分恐惧，但山下很远处闪现的村落灯光，仍然使人觉得高处不胜寒。开车的是有 20 多年驾龄的摄影师张华伟，为了缓解我们的紧张，他说："对开车的人来说，前面就是一条路而已，只要可以通行，顺着路往前走就行了，不会去想路旁边是不是悬崖什么的"。

进了挂壁公路上段的隧洞，一辆农用载货车迎面而来，我们小心避让，几乎把车紧贴洞壁，才得以通过，幸好这是在昆山挂壁公路上与我们迎面相遇的唯一一辆车。隧洞很窄，而且弯道多而急，虽经改造，但路面不平，洞壁上仍是石头嶙峋。张华伟说，转弯时角度稍微控制不好，就容易擦剐。隧洞内虽不好走，但我觉得仍然比在洞外的道路上行走心里要踏实些，毕竟靠悬崖一侧还有洞壁阻隔。

到了昆山挂壁公路的最高处，是一段穿越分水岭的隧道，过了这段穿山隧道，便是落龙场一带平缓的山顶平台面了，西边不远就是王莽岭景区。由此往南可至锡崖沟，往西可至陵川。此时繁星满天，除了秋虫的鸣叫外，万籁俱寂。因我们当晚还得赶到林州，所以在山顶未多作停留，沿昆山挂壁公路折返下山，但未再走郭亮村，而是经南坪转往沙窑往北行。

山西陵川县的陈家园挂壁公路

陈家园挂壁公路，是陵川县境内除锡崖沟、昆山之外的又一条挂壁公路。由此也可看出陵川县东南部与河南交界处山川之雄壮险峻。

陈家园挂壁公路因位于陵川县六泉乡陈家园水库北岸而得名，陈家园在一些地图上也标为陈家院。陈家园挂壁公路实际上是山西的 S331 省道上的一段，这条省道也被称为“沁辉公路”，由西向东连接山西沁水、陵川与河南辉县。陈家园水库建于淇河上游的峡谷中，它的地理特征和前文提到的白陉磨河峡谷的宝泉水库非常相似，即水库刚好位于红色嶂石岩形成的长崖崖脚，这个长崖在水库库尾形成一个巨大的地形陡坎，就像在磨河的潭头见到的一样。沁辉公路要沿着淇河东出太行山，自然也要克服这个地理障碍，因此选择了沿水库北岸开凿隧洞，使公路从崖顶下到崖脚。这段路就是陈家园挂壁公路，因公路旁的悬崖上有瀑布飞泻，这段挂壁公路也被人们称为“飞瀑长廊”。

沿淇河峡谷而走的沁辉公路，自古是晋豫之间的重要驿道，要通过陈家园这段长崖，就靠悬挂于绝壁的羊肠小道。1968 年，此段公路修通，当时被称为战备路，但路窄坡陡，拥堵日甚。1990 年，国家投资对沁辉路的陵川至辉县段进行改造，其中的关键工程就是开凿陈家园挂壁公路隧道。整个工程投资 6400 万元，开挖土石方 137 万多立方米，1993 年冬工程完成，陵川县政府在公路隧洞口立石碑为纪，上面有当时山西省委书记胡富国的题词：“陵川人民志豪迈，劈山凿路坦途开。逐鹿中原争市场，摆脱贫困富起来。”

山西平顺县的井底挂壁公路

井底村位于平顺县东缘与河南相邻处，南太行挂壁公路所在的村庄，地理环境都有相似之处，井底村又是一个与锡崖沟村、昆山村的境遇类似的村庄，它坐落在红色嶂石岩构成的山崖顶面平台上，而它又被更高的石灰岩山崖

所环抱。有趣的是，这种被上下双重长崖阻隔的村庄，如果属太行山内的山西所辖，那它会更强烈地寻求向上穿越长崖的通道，例如锡崖沟村和昆山村的挂壁公路；如果属太行山外的河南所辖，那它自然会寻求向下穿越长崖的通道，例如郭亮村和回龙村的挂壁公路。而这种上下两条挂壁公路的连接和贯通，也就促成了晋豫之间省际通道的形成。我不禁设想，假如锡崖沟村、昆山村、井底村是河南省的属地，那也许只要有回龙挂壁公路、郭亮挂壁公路以及井底通林州的公路就行了，人们也许不会这么急迫地修通像锡崖沟、昆山、井底这样的挂壁公路。因此，现在这

井底挂壁公路一角，穿过长崖的隧洞直通向白云谷谷底的井底村。

种行政区划格局，也许在无意之中促进了晋豫之间省际交通的建设。

井底村原是平顺县石窑滩乡下属的一个行政村，20世纪90年代末撤乡并镇之后，包括井底村在内的原石窑滩乡的十几个村都并入了东寺头乡。井底村有20多个自然村，800多口人，分布在山崖环绕、状若井底的白云谷中，据传井底村村民的祖先是明清时代从河南逃荒来此定居的。

白云谷处于露水河上游，露水河往下延伸经河南林州石板岩乡向北汇入浊漳河。露水河不像太行山其他的出山河流那样横切山脉，直下平原，而是在经过井底之后弯转向北，在汇入浊漳河之前，形成了很长一段和太行山脉平行的南北走向的峡谷。由于露水河河谷和东部平原之间还隔着太行山的一条山脉，加上井底地势凹下，又正处在河谷的一个转弯处，峡谷近于封闭，使得水汽易于在此聚焦，常年白云缭绕，故有白云谷之称。

井底挂壁公路，是山西平顺县西沟乡古罗村至河南林州石板岩乡的公路的一段，这段公路在山西境内叫古石线或X671县道，在河南境内叫石桃线。井底村距平顺县城直线距离只有38千米，但在1988年以前，村民们要去县城，只有两条向上攀越悬崖的陡峻山路，一条是由井底北边的井谷通翻山的古道，可走牲口，要花差不多一天时间；另一条是村子北边的“哈楼梯”，路较近，但要沿1380级台阶攀上约200米高的直立崖壁，路旁没有扶手，很多地方只能容半只脚，常有人坠崖身亡。据说“哈楼梯”是因为攀登此路必定会累得直哈粗气而得名。

1988年，村民们舍难求易，先向南修通了2.5千米的土路，接上了河南境内的公路，车辆由河南绕行180

千米可到平顺县城，但村民仍希望能有一条最近便的公路通往县城。

1996 年，在山西大规模修建乡村公路的背景下，井底村也请来了专业人员，但来者查看地形以后说：“悬崖绝壁上，开什么玩笑！”村支书周成富不甘心，又请来平顺县交通局的技术人员，人们把粗绳绑在腰间，从 400 米高的山顶下到山腰，用白石灰在崖壁上画线，确定了隧道走向，隧道长千余米，离谷底高度约 150 米。这条线路离村近，而且刚好能解决悬崖上下的坡度。

村民们自筹资金，加上县政府的部分投入，1996 年冬天，周成富带四五十名精壮汉子开始施工。他们在山崖上靠人工打眼，放炮炸石，但干了两个月，只前进了 3 米。出师不利，人们改而先修隧道两侧的山路，历经两个冬天，终于完成了隧道两侧的道路，但村民王长胜在施工中坠崖牺牲。村里 62 岁的胡书林老人，身患食道癌，为了修路，瞒着家人将自己的寿木卖了 200 元捐献出来。路还没通，老人就去世了，他被葬在隧道对面，因为他说想看到路通的那一天。

1999 年初，县交通局再次争取到部分资金，开始用空压机代替人工打眼，并且从隧道东西两头同时掘进，干一段时间，就顺“哈楼梯”爬到山崖上观察，校正隧道走向。为了准确对接，需要在隧道中间再开辟了一个工作面，周成富率村民先开出一条石梯栈道通上悬崖，在隧道位置凿出一个工作面，然后把机器用绳索吊上去施工。人们吃住都在山洞里，整整干了一年，2000 年春节过后，全长 1500 米的井底隧道终于通车，井底村民只需 50 分钟就能到达县城。

但初通的挂壁公路道窄，只能容单车通过，路沿没有防护墙，洞内还不时有落石。从 2007 年开始，平顺县又连续 3 年追加投资共数百万元，拓宽挂壁公路，修筑防护墙，对洞壁喷浆被覆，大大改善了井底挂壁公路的安全状况，使它成为现在的模样。

如今在井底挂壁公路上行走的，更多的是来自外地的旅行者，为了招揽游客，古老的井底已被更名为神龙湾，现已被列为 4A 级景区，惊险万状的“哈楼梯”也在悬崖一侧安装了水泥护栏，提供给游客作为探险体验之路。

施工中的井底挂壁公路，作为太行山最晚建成的挂壁公路之一，在建设后期已用上了工程机械。

山西平顺县的虹梯关挂壁公路

虹梯关挂壁公路在井底挂壁公路的北侧，与井底挂壁公路隔山相邻。虹梯关挂壁公路是平顺县张（井）河（坪屾）线公路上的一段，向东通往河南林州。这段挂壁公路位于虹梯关古道北侧的石灰岩悬崖上，其地质地理特征与井底挂壁公路类似。修建这条挂壁公路的最初目的，也是为了用公路把悬崖之下属于平顺县的梯后、梯根、高滩、碑滩、石屾、虹霓等村落与平顺县城连接起来。

虹梯关古道也是晋豫之间的一条重要商旅驿道，在虹梯关挂壁公路开通以前，人们正是凭着虹梯关古道通过这段悬崖。古道起自东边的崖下的梯根，经过梯后、过“紧十八盘、慢十八盘，不紧不慢又是十八盘”的五十四盘的迂回盘山道、虹梯关关门，到达崖上的臭水峧以及虹梯关乡。虹梯关古道用“五十四盘”的集中迂回道处理坡降的方法和白陉上的“七十二拐”同出一辙，当地人也把虹梯关古道的石阶梯道称为“鲁班梯”。从危险程度来看，虹梯关古道不如井底的哈楼梯，通行要容易得多，因此它才成为了旧时平顺与林州间的一条重要商道，历代多有整修，现在道旁还有清代乾隆、嘉庆、道光年间重修古道的石碑、石槽、石碾盘等遗迹、遗物。

虹梯开古道时代久远，而古道上设虹梯关则始于明代嘉靖八年（1529 年），其缘由是明嘉靖元年（1522 年），平顺埠头村的陈卿等人聚众起义。陈卿被俘后又逃脱，再次聚众，一度达到 2 万人左右，并攻掠长治、晋城、左权、沁县等地。明嘉靖七年（1528 年），明廷调晋冀豫 3 省

5 万官军会剿，陈卿兵败被杀。时任礼部尚书兵科给事中的夏言，奉命处理善后，从防卫考虑，他不仅升潞安州为府，设长治县，并于明嘉靖八年（1529 年）新置平顺县，取平定安顺之意，平顺设县即始于此。虹梯原名洪梯，夏言改其为虹梯，设虹梯关、玉峡关二关，并在玉斗崖、白云谷、虹梯关、潘溪峰设四巡检司，驻兵防守。平顺县东寺头乡五龙垴上的“三晋第一碑”刻有大字：“山贼既平，民患乃息，创一县治，建四巡司”，即指此段史事。夏言还撰书一段铭文，刻碑立于虹梯关崖下之碑滩村，生动描绘了虹梯古道风光及平定陈卿之事，铭文如下：

玉峡关西来百余里，近蚁尖砦，千峰壁立，中通峭峡，状如风门而小，下则无底之壑。石蹬齿齿，盘迴霄汉，望之如虹霓然。比岁青羊之寇，凭负以拒汴师者此也。故号洪梯，予易以今名，亦因以关焉，从而铭焉。

石崖攀天，仄蹬千廻。仰干塞明，俯临蔽霾。铁壁勾连，谽谺中开。

观者骇魄，行子心摧。亘如长虹，横绝天阶。彼昏者氓，肆其喧豗。

虹梯关古道旁的山村一角，村民们已习惯于在悬崖顶的平台上起居劳作。

挂壁公路旁的山村，阳光投射进古老的磨房，女主人倚着房门在簸箕里清理谷物，男主人驱赶黄牛拉动石磨碾压收获的粮食。

爰据培塿，以抗震雷。卒干大刑，亦孔之哀。太行之阿，大河之隈。

关门弗严，惟帝念哉。北山有石，南山有材。经之营之，突焉崔巍。

侍臣作铭，以诏后来。

大明嘉靖戊子贵溪夏言书

夏言所书五寸楷书笔法劲畅，刻工精湛，虹梯关铭现已列为山西省重点文物保护单位。虹梯关自明代至清代、民国，均有驻兵。

20 世纪 60 年代，平顺县修通了由县城至虹梯关乡的公路，70 年代初期，修通了虹梯关挂壁公路，并与通往河南的公路相接。现在，正在修建的长（治）安（阳）高速，从虹梯关下穿山而过。曾经作为晋豫通道的虹梯关古道和虹梯关挂壁公路，将主要成为徒步者、骑行者、自驾者观光体验的路线。

【卷六】太行天河——穿山过峡济莽原

大山大河的山前冲积平原地广土沃，又有出山河流的滋润之利，历来都是古代农业文明繁衍的摇篮。例如，喜马拉雅山前的印度河—恒河平原、天山山前的绿洲平原、龙门山山前的成都平原，秦岭山前的关中平原等。这些文明的发展，除了得益于河流平原的地势平阔、土壤肥沃、舟楫车马交通之利外，几乎都是和治理洪水以及发展灌溉的水利工程紧密联系在一起的。成都平原有都江堰，关中平原有郑国渠，天山山前有坎儿井，这些历史悠久的古代水利工程是造就这些山前膏腴之地、天府之国的关键。这些水利工程的特点，都是把渠首选择在河流出山口，利用出山口位置较高以及冲积扇平原的自然坡度，导之以人工渠系，实现自流灌溉。

太行山也不例外，沁河、淇河、漳河、滹沱河、拒马河、永定河等河流穿山而出，在山前堆积形成广袤的平原，这里既有历史悠久的古代水利工程，也有规模宏大的现代水利工程，它们引太行之水，滋润哺育了这块土地和人民。

太行山山前历史悠久的古代水利工程

受季风气候影响，太行山降雨多集中于夏季，且极易爆发山洪，《史记》所谓“水来漂没，溺其人民”，而旱季则水贵如油。所以兴修水利的历史十分悠久，这些古代水利工程也足可与郑国渠、都江堰等媲美。

战国时，有魏国的邺令西门豹在太行山麓的邺城（今临漳县）治理漳河，这一史事出自司马迁的《史记》，又因被选入中国的小学课本而流传甚广。说的是漳河每年发大水，巫婆和地方官吏借机向百姓敲诈钱财，没钱的就要把姑娘投进漳河，说是给河伯娶媳。西门豹“以其人之道还治其人之身”，将巫婆和她的徒弟都投进漳河，说是给河伯送信，地方官吏吓得跪地求饶，从此再无“河伯娶媳”之事，西门豹又组织百姓开渠引水，灌溉农田，使漳河沿岸连年丰收。

但这又引出一段公案，《史记》说是西门豹“发民凿十二渠”，而《吕氏春秋》认为，漳河十二渠是西门豹之后约 100 年，魏襄王时的邺令史起所建，史起还批评西门豹不知引漳灌田。后来又有人认为是西门豹先开，史起续之。无论如何，引漳十二渠始建于战国时期是没有问题的。另外，从汉代起，当地就出现用于祭祀的西门豹祠，似乎也证明西门豹开渠确有其事。2008 年，临漳县曾发现距今 1600 多年的后赵石虎时的西门豹祠奠基石，上有文字：“赵建武六年（340 年），岁在庚子，秋八月庚寅造西门豹祠殿……”

所谓十二渠，是在邺城西约 9 千米处的漳河中建拦河低坝溢流堰，往下游延伸6 千米，共有拦河低坝溢流堰12道，在每道堰坝上方的右岸都有引水口、引水闸。这种多渠首引水的方式，是因为漳河出山后因泥沙淤积变化，主流常摆动迁徙，多渠口引水可解决某一渠口淤浅后无法引水的问题，同时还可利用其他的引水渠引水冲淤，体现了因河制宜的高超智慧。

漳河十二渠最初灌区不到 10 万亩。东汉末年曹操以邺城为都时，将十二渠按原形式整修，并改称天井堰。东魏天平二年（535 年）天井堰改建为天平渠，并成单一渠首，灌区扩大，后也称万金渠。隋、唐以后，这一带形成以漳水、洹水（今安阳河）为源的灌区。唐代重修天平渠，并开分支，灌田 10 万亩以上。清代与民国，对天平渠仍有修复利用。1959 年，在岳城镇和观台镇之间的漳河上建起了岳城水库，两岸从水库引漳河水，代替了古灌渠，灌田达数百万亩。

在沁河的出山口，也有最初被称为秦渠或枋口的古代水利工程。枋口，是因秦朝时渠首以枋木为门而得名。据《旧唐书》的记载，枋口水利工程大约初建于秦始皇二十六年（公元前 221 年），渠首开凿于沁河出山口山岭与平野交接处，正当沁河曲峡的凹岸，因受河曲弯转处水流离心力的作用，水流冲蚀山石形成崖壁，渠首选择在这里，正是借助河湾的势能，利于河水自流分水入渠。自秦以后，虽经历代不断整修扩建，但渠首位置基本未变。

三国曹魏时，任河内典农的司马孚改木门为石门，并为后代所延续；隋代卢贲担任怀州（今沁阳一带）刺史后，修葺枋口，并新开利民渠、温润渠入温县，还首开引水冲洗盐碱地的先例；唐贞元五年（789 年），河阳（今孟州）节度使李元淳引沁水开广利渠 70 余里，使“河内之人无饥年之虑”。唐太和五年（833 年），河阳节度使温造动用四五万役夫，治理枋口堰，首次将渠系范围扩大到武陟县，灌溉面积涵盖河内5县5000多顷土地；宋金时期，因屡经战乱，枋口堰几近荒废；元代官员王允中、杨端仁、阿合马等又重新整治枋口堰，开挖了总长338.5千米的4条干渠，称为广济渠，灌区包括济源、河内（沁阳）、河阳（孟州）、温县、武陟5县463个村坊。

枋口堰虽然利泽河内平原，但明代以前，枋口渠首为明渠分水，所谓“累方石为门”，根据雨旱水情，通过去石或加石来调节进水量。但渠首常被泥土沙石淤塞，时废时修，疏浚工程浩大。

为使渠首“永无崩塞之患”，明万历二十八年（1600年），河内知县袁应泰和济源知县史记言，在原渠首西侧的岩壁上，同时开凿2个新的渠首引水隧洞，由东往西分别为永利洞、广济洞。其思路是，在岩壁上开凿低于河面的洞口，使沁河水流直泻隧洞，避免引水渠口因淤塞高于河面而取不到水的情况，同时在洞中安装闸门，以控制洪枯季节的水量。

隧洞开凿时，因石质坚硬，又全凭人力，工程极为艰难，清顺治《怀庆府志》所录高士芳的《凿山创河记》记载：“于是先之于烈火，继之以利锥，锥而火之，火复锥之，日以百刻而仅减毫末，弗开弗止也”，工程历时5年方告完成。广济、永利2洞在很大程度上解决了渠口淤塞的难题，而且大大增强了引水的能力，这一渠首历经数百年，直至20世纪50年代仍在使用。袁应泰等同时新修渠系，在济源、河内、温县、武陟4县开挖了24堰。以广济洞、永利洞为渠首的新广济渠、永利渠，加上在原来的渠首（旧广济渠）新修的利丰渠，在古老的枋口形成了三渠分水之势，加上利丰渠往下又分出利仁渠、丰稔渠等干渠，所以又被称为“五龙分水”，枋口也由此被称为“五龙口”。经明代的修葺，枋口堰灌田可达数万顷，使这一古老的水利工程达于极盛。

五龙口渠首所创造的利用弯道水流的离心力，采用隧洞暗闸“隔山取水”的方法，是中国水利史上的首创，它也深刻影响了后来太行山的红旗渠、愚公渠等诸多现代水利工程的建设。

历史上枋口堰渠系的变化颇为复杂，曾经存在过的干渠远不只5条，自秦代至民国，曾经有过的干渠名称就有秦渠、利民渠、温润渠、广利渠、广济渠、永和渠、利人渠、减水渠、丰稔渠、利丰渠、永利渠、利仁渠、广惠渠、大利河渠、小利河渠、甘霖渠等，其中除减水渠、广惠渠的渠首是在沁河左岸外，其余的水源都来自五龙口的渠首。五龙口以下开凿的大渠、小渠数不胜数，旧渠湮，新渠开，往复不息。

渠水不仅有灌溉之利，还有借助水磨经营粮食加工的招财之机，因此当地的民谣说：“三盘龙眼磨，七顷不靠天。要得穷了我，天塌龙叫唤。”但由于几个渠首分归不同县治，渠系各不相属，所以历史上不同县域之间、不同渠首之间、上游与下游之间、豪强与平民之间，因争水而产生的纠纷与矛盾持续不断，历朝官府均要花大力气去维持水利秩序。明代袁应泰就曾分广济渠灌区为24堰，规定只有“出力开河”的“利户”才有水“份”，并确定了编定水分，计月、日、时、刻，自下而上，挨次轮灌的制度。

20世纪50年代，在新生政权大办水利的浪潮中，也许是为了革除以前渠系各不相属的弊端，把原来诸渠首以下的干渠合并为1条名为广利渠的总干渠，将永利洞、广济洞渠首废置不用，把原利丰渠渠首拆除重建为广利渠的渠首，并重新整修灌区渠系，新建了17座平原水库，大面

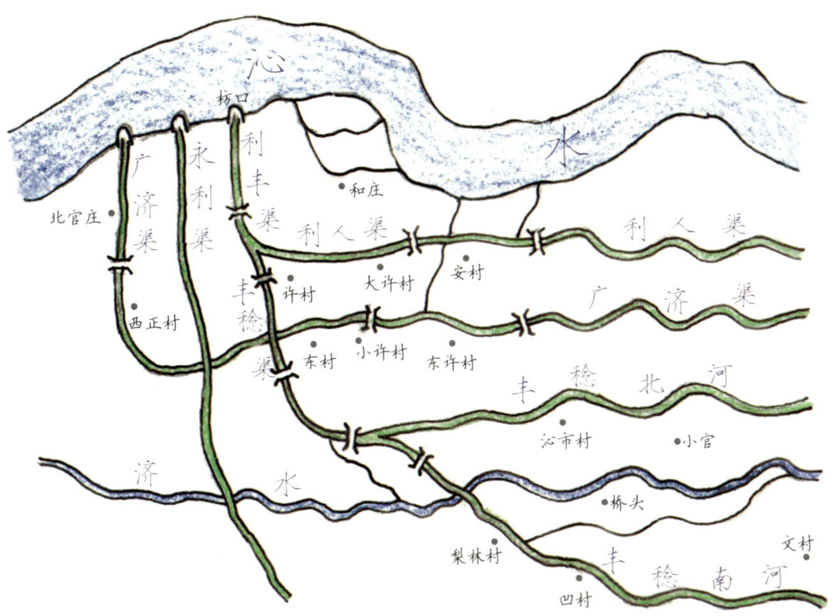

沁河五龙口清代的五渠分水图，据宋永志《明代以来沁河下游的水利开发与社会变迁》所引的清乾隆六年（1741 年）碑刻图绘制。

积改种水稻，虽然灌溉面积一度发展到 47 万亩，但由于地下水位上升，盐碱地面积也一度扩大到 24 万亩，因此平原水库又多被废除。此后渠系又经多次改建，到 2000 年，广利渠灌区实际灌溉面积为 26 万亩，已成为全国大型灌区之一。

我来到五龙口时正值夏秋之交的汛期，也许是上游众多水库拦水的原因，沁河并无汹涌之状，沿着低矮的石桥即可涉水而过。由沁河出山口沿河谷而上，奇峰绝壁之间，曲流蜿蜒，宽阔的河滩上，多有为消暑热在此嬉水的男女老少。上行约数千米，因河谷中的水库大坝正在施工，道路被阻断，只得返而下行。经当地村民指点，穿过横跨山口的沁河旧桥，便来到了沁河右岸五龙口的渠首。

在沁河桥上就可以远远望见渠首的建筑，下部是有 4 孔闸门的闸坝，这就是广利渠的进水口，闸坝上面还有 2

层楼房，挑檐的瓦顶略带一些古风。紧挨广利渠渠首的西侧，就是古迹尚存的原永利洞、广济洞上口，洞口淹没水下不可见，水面上是石砌的渠首闸室，墙面上开有2个窗洞。闸室之上有精美的石雕栏杆，栏杆里面就是袁公祠石窟，在石窟西边，还有为明代济源的3位治水县令史纪言、石应嵩、涂应选所建的三公祠。

明万历四十八年（1620年），在兴修广济渠中居功至伟的袁应泰，升任兵部右侍郎，巡抚辽东。明天启元年（1621年），后金军攻陷辽阳，袁应泰自尽殉国。广济灌区百姓闻讯后罢市悼念，并在广济洞旁自发修建了这座袁公祠。祠中袁应泰及其他修渠有功的官员石像尚在，石窟门口当年所刻对联犹存："洞凿太行引沁水百里咸资润泽；河开广济溉民田万年永赖生成"，横联是"禹后一人"。

过沁河桥后，来到广利渠首的下方，进水闸门门拱上方刻有"五龙口"3个大字，进水明渠宽约五六米，两边是高高的石砌渠壁。渠首旁有一个院落，院内是广利渠渠首管理处的办公楼，而这个院落以前是五龙庙所在地，是当地居民烧香祭祀以及举行抬辇行水（每年元宵节，抬着神像游行）风俗活动的场所。2013年5月，五龙口古代水利设施被批准为第七批全国重点文物保护单位。

从沁河旧桥上望去，上游方向高耸的焦枝铁路沁河铁桥、二广高速公路沁河大桥，如横空出世，在五龙口跨越沁河。向下游眺望宽广的河内平原，正是玉米扬花挂苞的时节，沁河两岸的大片农田看上去就像黄绿相间的地毯，流淌千年的沁河水，仍然不息地奔向南边的黄河。

注：1顷约等于66666.667平方米

太行山中红旗渠
——现代水利工程的一个样本

太行山山前的古代水利工程，由于都是以河流出山口为取水高点，所以其自流灌溉的区域只能是低于山口的扇状冲积平原，并未能覆盖到整个太行山的山前地带，在南太行的沁河、漳河等大河流之间，还有一些水资源贫乏的丘陵与山前盆地。因此，自20世纪60年代以来，人们开始把引水渠首布置到一些大河的出山口以上，提高渠首的高度，通过开凿引水隧洞、修建盘山水渠、架设渡槽等方式，

顺着红色嶂石岩崖壁蜿蜒而行的红旗渠总干渠。

实现更大范围的自流引水灌溉，这种模式造就了一批堪称世界水利工程奇迹的“人造天河”，尤以河南林州引漳入林的红旗渠最为典型。

红旗渠这样气壮山河的工程出现在林县（今林州）绝非偶然，其中最重要的动因当然是林县的干旱缺水。据1954年统计，全县550个行政村，就有305个村吃水困难，人们有许多关于从前的林县因缺水发生的悲惨故事。有些村的村民要走2~5千米路，才能取到水，有的区域每1万人才有1眼活水井，一到干旱年头，井旁就会排成长队，从早等到晚，每天只能挑上1担水，因此有“吃水如吃油”之说。现在的人们也许很难想到那种视水如命的生活状况，一些村民常年不洗脸、不洗手、不洗衣服，更别说洗澡了。只有在婚丧嫁娶等大事时，才舀一点水，老人洗了孩子洗，男人洗了女人洗，用过的水放在一边，澄清了再用。刷锅洗碗的水也要留下来喂牲畜或浇庄稼。

红旗渠修建以前的林县山区，人们要走很远的路去挑水，才能勉强解决最低的生活用水需求。

从气象资料看，林县年均降水量约 720 毫米，并非特别干旱，而是属于半湿润地区，虽然年降雨量的分配极不均匀，七八月份的降雨量占到全年的一半以上，但太行山及其山前地带皆是如此，为何林县的缺水现象特别严重?这和林县的地理环境有很大关系。林县虽处于太行山主脉的山前地带，但它不是北侧的邯郸、东侧的安阳与鹤壁、南侧的新乡那样的山前冲积平原，而是太行山前山一个低山与丘陵围绕的盆地，林县盆地的最低海拔高度在 300 米左右，比东边的平原高了 200 多米，它不能像冲积平原那样可以享受出山河流带来的滋润。源自太行山、流量较大的露水河受林虑山的阻挡，不能穿山而过进入林县盆地，而是折向北汇入浊漳河。其他横穿林县境内的河流，也因深切于低山、丘陵之间，使沿河大部分区域无法获得取水与灌溉之利，而且这些河流多是源于林虑山的季节性小河沟。再加上林县境内的低山、丘陵绝大部分都为寒武系—奥陶系石灰岩分布区，由于溶蚀渗漏，地表很难存住水。

20 世纪 50 年代，在修建红旗渠之前，林县已分别在露水河、淅河、淇河上修建了南谷洞、弓上、要街（位于与林县相邻的辉县境内）3 座中型水库，同时在淅河上修建了英雄渠，在淇河上修建了淇南渠、淇北渠。但一遇大旱之年，河流、水库干涸，水渠也无水可引。因此，林县不得不又把眼光投向县境以外的水源。

1956~1957 年，林县兴建长 17.7 千米由天桥断引漳河水的天桥渠。虽然天桥渠取水口受海拔较低所限，只能解决小部分地区的用水，但这些工程在地质地理环境、施工方式上和后来的红旗渠类似，因此它们为修建规模更大的引漳入林的红旗渠积累了经验。

1959 年大旱，河流干涸，水库见底。林县县委组织了 3

个调查组，分别到山西省的陵川、壶关、平顺—潞城考察水源。考察中，面对浊漳河的滔滔流水，林县的领导兴奋不已，最终确定在平顺县境内引浊漳河入林县，并于当年10月派人测量选线。当时从浊漳河引水有3个备选地点，由下游往上游依次为候壁断、耽车村、辛安。耽车村、辛安的引水点比候壁断要高得多，可以串联起南谷洞、弓上、要街3个水库，搞引水调蓄。当年11月，林县县委决定按辛安引水的方案设计。但因引水地点在山西境内，并非由林县说了算。1960年1月，林县派人携河南省委领导的信件去山西请示。1960年1月30日，正月初三，正值春节期间，山西省领导仍然开会研究了林县的引水请求，因山西要在耽车村、赤壁断、候壁断几个地方修水电站，因此同意林县在候壁断下方

引水，并对渠首坝高作了限制，以免影响水力发电。

虽然候壁断并非林县当初选定的引水点，但能得到山西省领导的同意，仍然让林县的领导喜出望外，并且以难以置信的速度，马上调动了首批 37000 多民工进入工地。1960 年 2 月 11 日元宵节这天，引漳入林工程正式开工。根据林县县委书记杨贵的提议，这项工程被命名为“红旗渠”。

当时对水资源的分配还不是那样敏感，加上又处在全国大饥荒的困难时期，林县能够抓住机会，上马如此宏大艰巨的红旗渠工程，的确是胆识过人。这也是在此之前，林县大兴水利，蓄势待发的结果。县委书记杨贵后来说，如果晚两年，红旗渠也许就修不成了。山西省委领导后来看到建成的红旗渠总干渠也大吃一惊，他们原以为林县不

浊漳河上为拦水取水而修建的溢流坝，洪水来时，浊流奔泻。浊漳河上有很多灌溉、供水、发电的引水渠首，都修建有这样的溢流坝。

过是开一条水渠而已，没想到却是一条渠底宽 6~8 米，渠墙高 4.3 米，设计正常流量每秒 20 立方米的“人造天河”。

红旗渠开工之初，首先是修建渠首引水工程及其由山西候壁断至林县分水岭全长 70.6 千米的总干渠。按大跃进时代的运动式会战模式，几万民工以公社为单位分配施工渠段，并仿军事编制下分连队与作业班，沿总干渠全线铺开，提出了当年 5 月 1 日总干渠通水的“跃进”要求。但战线太长，运输跟不上，技术力量薄弱，窝工废工严重，甚至挖错渠线。施工沿线开山放炮、土石倾泻，也给山西平顺县境内的村民造成一些损害。在这种情况下，林县县委于 1960 年 3 月在盘石村召开了对工程进行战略调整的会议，后来被证明它对红旗渠的建设极为关键。盘石会议决定将总干渠工程分为四期，集中力量分段依次施工。

红旗渠是一个庞大的工程系统，包括全长 70.6 千米的总干渠；总长 97.9 千米的一、二、三干渠；总长 542.2 千米的 51 条支渠；总长 673.3 千米的 290 条斗渠；总长 2488 千米的 4281 条农渠。其中，总干渠是把浊漳河水引入林县境内的基础工程，干渠则是把总干渠引来的水输送到林县大部分地区的骨干工程，而支渠、斗渠、农渠则是最终实现灌溉等用水功能的配套工程。在林县这样的山地丘陵区，为了让渠水通过，还得开挖许多隧洞，架设许多渡槽。

在整个工程中，最为艰巨的无疑是总干渠的修筑。因为总干渠通过的绝大部分地段，都是由红色嶂石岩构成的长崖陡壁，许多悬崖绝壁的相对高差都在 200 米以上。这种地貌当地人也称之为“崭岩”“山崭”“红石崭”，它颇为形象地描绘了那种状若刀劈斧斩的直立峭壁，而且由于这种石英岩石质坚硬，开凿颇为艰难。在红旗渠的修建中，共有 81

人献出了生命，最小者17岁，最大者60岁，其中在总干渠建设中牺牲的就有73人，在3条干渠建设中牺牲的有8人，仅此，也可看出总干渠工程之艰险，也许只有太行山挂壁公路的修筑可与之相比。

红旗渠总干渠的修建过程中，人们用绳索吊在红色嶂石岩的悬崖上开山劈石。

红旗渠的施工条件虽然险恶，但放到现在的工程技术条件下，还不至于让人感到不可思议。但红旗渠用的几乎是最原始的工程技术手段，最简省的工程投资，而且10余万民工是在不及最低限度的生活与安全条件下，完成了这一堪称经典的水利工程，这就不能不让人动容。

负责红旗渠这样一个规模宏大的水利工程的设计，是当时刚从黄河水利专科学校毕业不久的吴祖太，而工程开工仅1个多月，他就因洞内塌方而遇难，年仅27岁。红旗渠总干渠的纵向坡度为1/8000，3条干渠的纵向坡度1/5000，坡度均极为平缓，施工中控制不好，就可能出现引不走水的情况，而渠线的施工，就是靠洗脸盆做水平仪，用麻绳、皮尺一点一点测量，误差竟然达到千分之一，现在即使用先进设备也很难做到。总长413米、高14米的夺丰渡槽，施工时没有吊装设备，民工们自制木吊杆，把一方方石料拉上桥顶，而红旗渠的150多座渡槽都是以这样的方式架起来的。

总干渠开工时几万人上工地，没有睡觉的地方，只能在山崖下、岩洞里、石缝中露宿。尽管林县在“大跃进”时没有过高地虚报粮食产量，并留有1500多万千克储备粮，但仍不足以解决工程所需的粮食供应，尤其是工程前期遭遇全国性饥荒的那几年，民工们吃的饭被描述为：“早上一碗野菜汤，一个菜窝头；中午一个菜窝头，一碗野菜汤；晚上稀饭照月亮”。为此不得不上山挖野菜，下漳河捞河草充饥，很多人得了浮肿病，就在这样的生活条件下，民工们还要在悬崖上、隧洞里从事抡锤打钎等十分繁重的劳动。在没有风钻等起码的机械设备的情况下，开山炸石的无数炮眼，全是靠人工一锤一钎打出来的。隧洞施工也缺乏起码的通风设备，爆破后的浓烟需要很长时间才能自然排出，为了加快工程进度，人们冒着生命危险下洞，用人力煽风排烟。

1965年4月5日，虽然用了最初计划的差不多20倍的时间，但历经1885天的生死奋战，红旗渠总干渠终于建成通水。这一天，林县在分水岭举行了盛大的通水典礼，数万群众翻山越岭来看水，场面激动人心。此地的分水岭原名坟头岭，改名为分水岭并非通常的流域分隔之意，而是总干渠在此将分为3条干渠，将漳河水分送到林县各地，是为“分水”之意。这时虽然3条干渠以及配套渠系尚未建成，但这一天对于红旗渠和林县来说却是标志性的，漳河水已成功地引入林县境内，闯过了最难的难关，接下来的工程就势如破竹了。这也难怪林县要把每年的4月5日确定为红旗渠通水纪念日。

红旗渠上马正处在国民经济极度困难时期，在许多项目停建、收缩之时，国家不可能对工程投资。事实上，直到1963年12月，红旗渠工程才被纳入了国家基本建设项目。红旗渠工程总投资为1.25亿元，其中林县社队自筹7878万元，占63%；国家投资4625万元，占37%。可以说，如果没有林县自主自立的行为，要建成红旗渠是根本不可能的，这当然也意味着林县民众极大的付出。

经济上的窘迫一直困扰着红旗渠的修建，红旗渠工程也把节俭发挥到了极致。民工们用化肥硝酸铵加上锯沫，自己碾制炸药，还自己开办水泥厂，在总干渠和 3 条干渠的施工中，自制水泥占了总用量的 77.1%，自制炸药占了总用量的 44.3%，而工程所用石灰全部由民工自己烧制。抬筐用山上割来的荆条自己编，钢钎都是把好的钢钎截成几截，焊在材质不好的钎头上使用。当时曾流传这样的歌谣："五尺钢钎变短钎，短钎变成手把錾。手把寸铁不能丢，送到炉里重新炼，炼把大锤返前线。"

红旗渠旁的太行山村民，岁月流逝，人丁更替，但流淌不息的活水，依然是生命的源泉。

资金的短缺与节俭，并不意味着工程质量的低劣。相反，林县民众在极端困难的环境下，让太行山人的勤劳智慧、朴实忠厚在工程中得到充分体现。精心雕琢的石块，砌出了一条条工整美观的渠道、渡槽，在太行山中蜿蜒穿行，它们不仅是水利工程，也堪称艺术精品，即使历经岁月沧桑，依然散发着持久的魅力。

受"文化大革命"的影响，原定于 1967 年 5 月全面完工的红旗渠，被迫推迟到 1969 年 7 月才全部建成。红旗渠一经建成，便给林县带来巨大变化，水浇地由不足 1 万亩扩大到 54 万亩，粮食亩产量由 50 多千克增加到 200 多千克，生活用水也得到根本改善。

林县红旗渠示意图，引自人民出版社1974年出版的《红旗渠》一书。

尽管20世纪50年代的中国处于困难时期，但林县人民为了改变自己的生存境遇，不惜付出巨大的牺牲，坚持不屈地修建红旗渠，表现了中国人民吃苦耐劳、忍辱负重的传统精神。当时那种政社合一、一大二公的公社体制，在客观上也有利于对人力和物力资源的动员征调，来完成如此规模和艰巨的水利工程。但在公社体制下被掩盖起来的水权等产权问题，在现代社会走向法治化、市场化的过程中，必然要暴露出来。

1962年，在红旗渠修建过程中，河南林县与山西平顺县曾签订了红旗渠工程使用权的协议书，规定林县对于修建红旗渠“占用平顺县人民群众的土地、山坡、房屋、树木等一切财产”给予全部作价赔偿，对渠道占用平顺县境内的土地，“确保河南省林县人民群众永远使用的权利”，但这个协议恰恰对水权没有作出明确说明。

浊漳河在山西省出境处的年平均径流量为 11.6 亿立方米，多年平均流量每秒 36.8 立方米。红旗渠渠首在浊漳河的山西省出境处以上 10 余千米，建成后实际最大过水量每秒 18.3 立方米，年最大引水量 4.57 亿立方米，年均引水 2.58 亿立方米。如果从这些数据看，红旗渠在实际最大过水量时，约占浊漳河平均流量的 50%；年均引水量约占浊漳河年径流量的 22%，这都是较高的比例。

20 世纪 70 年代以来，在红旗渠的影响下，河南安阳修建了跃进渠，河北邯郸修建了跃峰渠，都是从漳河引水；山西省在红旗渠上游修建了大大小小 100 多座水库，导致上游来水不断减少；山西平顺县石城村还在红旗渠渠首拦河坝的左侧，修建了年径流量 1.26 亿立方米，流量每秒 4 立方米的水电站。浊漳河水资源的纷争愈演愈烈，在 1990 年，甚至出现红旗渠总干渠 2 次被炸的极端事件。红旗渠引水量逐年递减，1999 年 7 月，红旗渠首次出现汛期断流。

1989 年 6 月，国务院批准了水利部关于漳河水量的分配方案，非灌溉季节（每年 12 月到翌年 2 月）红旗渠引水为每秒 3 立方米，汛期（每年 7~10 月）红旗渠最大引水量控制在每秒 7 立方米，这当然是针对浊漳河流域各方利益的综合平衡。虽然可引水量已大大低于设计流量，但这并不意味着红旗渠功能的丧失，因为红旗渠还面临其他许多问题：原先渠道沿线“长藤结瓜”的水库塘堰渗漏淤积严重，多已丧失调蓄能力；因为渠系渗漏和灌溉技术落后，渠系水的利用系数和灌溉水的利用率都很低。据研究，仅仅对现有的小型水库、塘堰进行清淤治漏除险，就可使兴利库容由 1500 万立方米提高到 3060 万立方米。

也有专家指出，以前的渠系用户以生产队为单位，土地承包后现在是以农户家庭为单位，这使水的使用、管理、协调等更为复杂艰难，当年红旗渠建设时的体制背景已不存在，红旗渠的管理和人们对水的使用，都面临产权制度、政府职能以及价值观念等发生转变的巨大挑战。

应该清醒地看到，虽然林县人民为修建红旗渠付出了巨大牺牲，而且红旗渠也给林县带来了很大变化，但在那种带有“乌托邦”色彩的人民公社体制下，靠红旗渠这样的工程并不能从根本上解决农村的贫困，而且“三年大饥荒”正是“大跃进”“共产风”带来的恶果。改革开放后仅仅一个联产承包，让农民在一定程度上享有对土地的支配权，就解决了农民的温饱问题，这不能不令人深思。

我由长治经潞城，东去浊漳河，沿着被称为河（口）潞（城）线的 S324 省道公路，经黄牛蹄、清口到辛安，便进入了浊漳河河谷。辛安一带河谷较开阔，两岸皆为石灰岩山崖及黄土堆积，越往东走，河谷越深，至赤壁村一带，河床陡然下切，出现了由红色嶂石岩夹峙的深涧，这就是赤壁断的位置，它是浊漳河上景色最壮丽的地段之一。由赤壁断下行不远，眺望浊漳河右岸，山坡上是一大片鳞次栉比的村落民居，气势不凡，村落格局和民居建筑整体上还保留了传统的样式，这就是平顺县的奥治村，它是浊漳河谷原始风貌保存较好的村落之一。往下至平顺县的石城镇，经镇上老乡的指点，折返至上游不远处的候壁断，由此过桥至浊漳河右岸，即是红旗渠渠首所在地。

浊漳河水漫过河中的拦河溢流坝，形成一道长长的水帘，溢流坝的右端，便是红旗渠的进水口。因为正值汛期，

山腰的红旗渠总干渠与山脚下的浊漳河，正值红旗渠主要的引水期一夏季的洪水期，渠水也因带有较多的泥沙而呈现红色。

水位已接近进水口拱形涵洞的顶端，涵洞上方有“红旗渠源”4个大字。跨过涵洞，通过一段明渠，便是渠首的闸室，几道闸门调节进水量的大小，可以看到闸门关闭了大半，大概是按分配水量在控制着流量，多余的水通过旁边的溢洪道重又排入浊漳河。

绕过渠首闸室，顺着总干渠往下走，渠道傍红色嶂石岩的悬崖而行，宽大的渠道皆由红石砌成，陡崖下方是红石嶙峋的浊漳河河床，和湍急的浊漳河水相比，红旗渠的渠水波澜不兴，正缓缓地绕着山崖向东流去。

太行山现代水利工程的成就与困境

像红旗渠这样在太行山内选择海拔较高的引水点，让河水分流，通过长距离的渠道解决山前大面积灌溉的工程，自 20 世纪 60 年代以来被普遍采用，因此建成了不少类似于红旗渠的引水工程，其中河南济源、孟县的引沁济蟒渠，堪与红旗渠相媲美。

蟒河是黄河的一条支流，位于沁河西侧，源于太行山区的山西阳城县花野岭，在济源白涧村出山，流经济源、孟县、温县一带的山前平原，在武陟县董宋村入黄河，全长 130 千米。虽然蟒河与沁河一样，也是源于太行山的黄河一级支流，但与沁河相比，蟒河流长仅及沁河的约 1/4，年均径流量仅及沁河的约 1/15，因此水资源条件较沁河要差很多，而且蟒河的最大年径流量与最小年径流量可相差 62 倍之多，因此蟒河就像一条喜怒无常的巨蟒，旱时几近断流，涝时洪水滔天。

引沁济蟒工程试图将沁河水引入蟒河流域，弥补蟒河水资源的不足，满足山前平原及丘陵地区的灌溉。该工程于 1965 年 12 月开工，历时 3 年，于 1968 年 12 月完成了由济源县紫柏滩村至孟县槐树口的长 120 千米的干渠引水工程，到 1975 年又完成灌区的配套续建及总干渠的扩建。位于济源县紫柏滩村的渠首工程，巧妙利用了沁河河曲凹岸处水的离心力作用，在崖壁上开凿隧洞，实现隔山取水、自流引水，其原理与沁河五龙口的引水工程同出一辙。

引沁济蟒渠开工时，虽然国内经济状况较 3 年大饥荒

蟒河边的瀑布以及嬉戏亲水的孩子们。

时有所好转，但施工条件仍极为艰苦，成千上万的民工住的是岩洞、草棚，吃的是玉米窝窝头，工具是钢钎、铁锤、架子车，尤其是从渠首到蟒河出山口的20千米的渠道，全在悬崖绝壁间施工，且需打通许多隧洞，原计划3年完成，而实际只用了半年时间。整个引沁济蟒工程，付出了100人牺牲、400人受伤致残的巨大代价。引沁济蟒工程跨越了300多个山头，凿通了总长16000多米的66个隧洞，建造了403座桥涵洞，形成通水量每秒23立方米，气势与规模都不输于红旗渠的又一条人造天河，其干、支、斗渠总长近2000千米，灌区面积达40万亩。也许是考虑到引沁济蟒渠的知名度远不及红旗渠，2005 年，济源市政府将引沁济蟒渠更名为愚公渠，希望以此来提升引沁济蟒工程的形象。

自 20 世纪 80 年代以来，引沁济蟒工程同样面临沁河来水锐减、工程老化、水利用效率低下等诸多问题。沁河在引沁济蟒渠首附近走出了最为华丽花哨的曲峡奇观，1991 年，山西省在引沁济蟒渠首上游，建起了拴驴泉水电站，在拴驴泉村旁边的沁河曲流颈部凿通了引水隧洞，让沁河水弃弯取直，获得了 57.25 米的水头落差，装机 1.75 万千瓦，这个规模在现在算不上什么，但在当时却是山西第二大中型水电站，对晋城的电力供应至关重要。由于引

沁济蟒渠首刚好处在因拴驴泉电站引水而致干涸的河曲上，故不得不将渠首移至下游，利用电站尾水采用倒虹吸的方式引水，并建起了新渠首的瓮河节制闸，新渠首旁的瓮村，也被更名为渠首村，但现在的可引水量不及设计流量的一半。在产权不变的情况下，河南的引沁灌区管理局，目前集中了对于干渠、支渠、重要斗渠以及众多水库的管理使用权，采用借库、租库、合作的方式蓄水，自主经营、利益分享、以亩配水、按方收费，推进节水灌溉，实现了用较少的水灌较多的地的目标，看来这是让类似的水利工程持续兴利的良性趋势。

现在依托拴驴泉水电站及其周围的自然人文景观，建

沁河曲流峡谷中遍布巨石的河滩。

起了风景区，因嫌“拴驴泉”名称不雅，取名为“山里泉景区”，其实这种抛弃有文化内涵的旧地名，滥取新地名的做法，实在令人不敢恭维。拴驴泉不仅有古代驮运的驴队在此拴驴饮泉的传说，而且从字面上解读，它能拴住驴友们在此流连忘返，岂不妙哉？

在拴驴泉，人们不仅可以观赏引沁济蟒渠新旧渠首以及拴驴泉电站水库、引水隧洞的风貌，更能够饱览拴驴泉一带沁河曲峡的奇异风光，尤其是从拴驴泉村向南眺望状若鲤鱼，惟妙惟肖的曲峡半岛——鲤鱼山。

太行山的河流曲流很发育，人们在兴修水利中，通过截弯取直，不仅可以引水发电，还可以填河造田。

由于拴驴泉电站水坝的拦水，沁河在这一段成为了水宽浪平的人工湖，这是横跨人工湖，连接沁河左岸与纱帽山的吊桥。

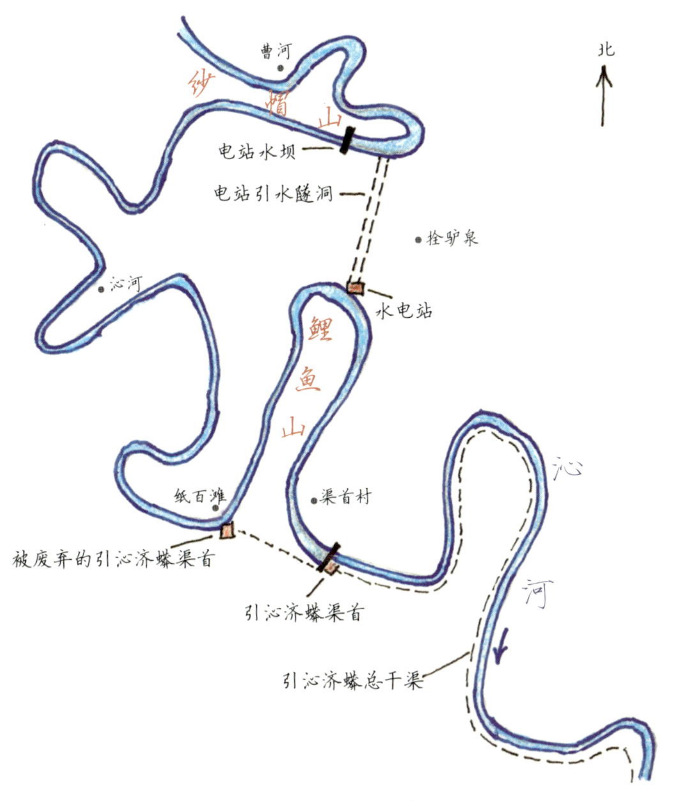

山西泽州拴驴泉一带的沁河曲流峡谷及水利工程示意图

山西阳城县润城镇是沁河边的一个商贸重镇，明清时代曾繁华一时，手工业和商业极为发达，富商大贾辈出。明末时因多遭流寇袭扰，为抗匪自保，修建了著名的屯城、刘善城和砥洎城 3 座城堡。沁河在润城南边弯曲成一个极为完美的圆环，河曲绕行的长度超过 10 千米，但在刘善东南方向的曲流颈部窄到只有千米左右，这就使人们产生了打通这个曲流颈的冲动。润城的“劈山改河”工程于 1970 年动工，1977 年 10 月完成，它凿通了曲流颈部的山口，开出了新河道，在原来的旧河道上修筑了拦河坝，将沁河导入直线的捷径。另外，在被废弃的曲流河道上，

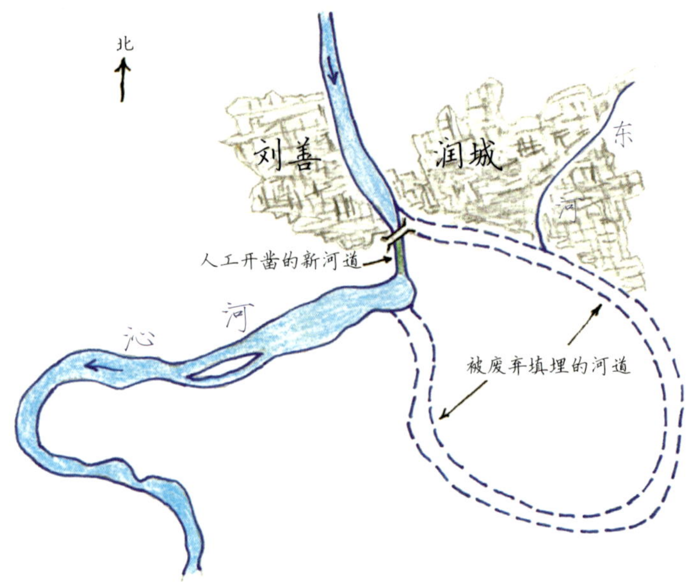

山西阳城县润城镇“劈山改河”工程示意图，在曲流峡谷的颈部开凿了一段新河道，沁河由此弃弯取直，而原来的曲流河道被废弃。

垫地造田 1500 亩，同时在拦河坝留有一段溢流坝，引入部分河水，对新造的田地实现自流灌溉。这一切看来似乎很完美，但人们大力改造自然的举动往往会有意料不到的后果。1982 年一场洪水漫过拦河坝，将原曲流河床上新造的田地大部分冲毁。此外，原来有一条沁河的支流——东河，由东北向西南穿润城而过，注入润城南边的沁河曲流段。在这一曲流段被人工废弃后，东河带来的泥沙再也不能通过沁河搬走，而是淤积在东河河床上和沁河故道里，东河两岸原来润城老街区的许多店铺，现在已被埋在厚厚的泥沙下面了。

与气势宏大的众多引水渠相比，自 20 世纪 50 年代以来，水利工程对太行山自然水系影响最大的，也许是难以计数的大量水库的兴建，其中有一些最重要的大型水库，例如在北太行，有滹沱河上的岗南水库、黄壁庄水库；大沙河上的王快水库；唐河上的西大洋水库；永定河上的官厅水库等。在南太行，有黄河上的三门峡水库、小浪底水库；漳河上的岳城水库等。这些大型水库除小浪底以外，都修建于20世纪五六十年代，其中建于1951~1954年官厅水库，更是1949年以后，国内修建的第一座大型水库。这些水库规模巨大，库容都在10亿立方米以上，水库面积亦多在100平方千米以上，水天一色，烟波浩渺，堪称太行山中或山前的人造大湖。我们由井陉经阳泉去阜平的考察途中，曾在夜色阑珊中经过河北平山县西柏坡旁的岗南水库，汽车在水库旁的曲折道路上绕行了很久，稀疏的灯光和星光倒映在似乎漫无边际的水面上，灰暗的夜幕和水面融为一体，产生了一种奇幻的意境。

这些水库担任了太行山山前如北京、石家庄、保定、邢台、邯郸、安阳等诸多大城市的供水，同时也承担了华北平原广大区域防洪与灌溉的任务。但由于这些水库大都修建于“大跃进”时期，工程也遗留了不少问题，后来多又经过续建、改建、扩建以及除险加固。

在生产力低下的古代，人们对太行山河流水资源的利用和其他许多地区一样，主要采用渠系自流引水的方法，这种方法对自然的影响很小，更近于古人“天人合一”的那种境界。到了现代，尤其1949年以后的大兴水利，更多的是用大大小小的水库来截河蓄水引水，通过更强力地干扰河流自然流态的方式，来满足更大的利益需求。在太行山，和其他许多地区一样，你已经找不到还没有被水坝截断的河流了，不仅有国家投资兴建的大中型水库，还曾经在“县县乡乡修水库”的口号下，小水库遍地开花。虽然人们获得了灌溉、防洪、供水、发电等很多效益，但这种水资源的开发模式也越来越显现出它是一把双刃剑，人们不得不承受耕地淹没、非自愿移民、泥沙淤积、水体污染以及因过度截流引水造成的水资源匮乏等负面影响。

像岗南、黄壁庄、岳城这样的大型水库，淹没耕地都在4万亩左右，山西长治浊漳河南源上被称为“太行湖”的漳泽水库，虽然库容不到5亿立方米，但淹没耕地达5.6万多亩，而像小浪底、官厅、三门峡水库，淹没耕地更是分别为20万亩、21万亩、85.6万亩。尤其是三门峡水库，淹掉的是关中平原最富庶的膏腴之地。耕地的淹没又产生大量移民，太行山一个大型水库的移民数一般都在三四万人以上，而小浪底、三门峡水库的移民更是分别达到20万人和40万人之多，移民的安置是极为困难和严峻的问题。

在太行山的考察中，我曾来到山西沁水县境内的沁河张峰水库，这是2007年建成的沁河干流上第一座大型水利枢纽。它正当河曲处，在河道的弯凸部位建起了高72.2米的大坝，将沁河拦断提高水位，曲流颈部被凿开引流发电，并建有巨大的泄洪闸门，沁河水改由此出。原来很长的一段曲流河道已废弃干涸，旧河道被平整出来种上了树。张峰水库使上游许多河湾地带的村落被淹没，仅王必村就有约1000人被迁移到张峰村旁的王必移民新村，新村是一排二层的楼房，房前有一溜面积不大的菜地，是移民见缝插针开出来的，时值傍晚，还有人在地里劳作。我路过时有两位上了年纪的大爷主动上来攀谈，皆叫苦不迭，说以前在王必一户有二三十亩耕地，要什么有什么，移民到张峰村后没了土地，什么都要花钱买，出去打工挣钱也很难，赔款大部分拿不到手，住新房自己还花了几万元钱，生活比以前在王必差多了。

泥沙淤积方面，以永定河上的官厅水库为例，永定河的含沙量可高达32%，有“小黄河”之称，官厅水库建成后至1985年，淤积量就达6亿立方米，超过库容的1/4。

另一个著名案例是黄河干流上的三门峡水库，1960 年蓄水后，仅仅一年半，就淤积了 15 亿吨泥沙，库尾潼关的河床抬高了 4.5 米，淤积向渭河上游发展，直接威胁西安。结果水库不得不降低水位，并在两岸打洞、坝底开孔以利排沙，原来预计的发电、灌溉、航运诸效益全部落空。而曾经的天府之地——渭河下游平原，也成了土地大面积盐碱化、洪涝频繁的贫瘠之所。

静止的库水纳污能力下降、上游排污增加，都使水库更易遭受污染，官厅水库因水质恶化，曾一度退出北京城市的生活饮用水体系。而过度地蓄水引水，也会超出河流的天然流量。例如，漳河、卫河已建成水库的总库容约 38 亿立方米，而漳河、卫河的年均径流量才不过 29.6 亿立方米。在这种情况下，太行山山前的一些河流或天然湖泊干涸就不足为奇。

太行山山前的华北平原和长江出三峡之后的江汉平原一样，历史上因地势低洼、水流潴积，多形成气吞千里的巨沼大泽，早在《山海经》中，就有诸如黄泽、虖池、海泽、泜泽、皋泽等记载。冀中平原上著名的白洋淀，就是历经沧桑存留下来的湖沼水泽，但自 20 世纪 50 年代以来，因大沙河、唐河等上游河流的过度拦水与引水，使入淀的众多河流逐渐断流，导致 1983~1988 年连续 5 年干淀、1997~2004 年连续 8 年干淀，水生生物及湿地生态系统也遭受毁灭性破坏。虽然近年来通过调水补水，湖面有所恢复，但白洋淀湖面已从 20 世纪 50 年代的 562 平方千米锐减到今天的 366 平方千米，而且湖水 水质已从Ⅲ类退化到Ⅳ类和Ⅴ类。

太行之山屹立，太行之水奔流，它已自然存在了千百万年，它滋养了这块土地上的生灵，孕育了这片土地上的文明，但在人类欲望和索取的压力下，它也变得不堪重负。也许，人们确实该认真反思我们的自然观和社会发展模式了。

图书在版编目（C I P）数据

太行山之路 / 范晓著 . -- 北京 : 中国林业出版社 ,2015.4
（地理中国地理系列丛书）
ISBN 978-7-5038-7906-7

Ⅰ . ①太… Ⅱ . ①范… Ⅲ . ①太行山－介绍 Ⅳ . ① K928.3

中国版本图书馆 CIP 数据核字 (2015) 第 044655 号

策划出品：北京图阅盛世文化传媒有限公司
责任编辑：张衍辉　何蕊
稿件统筹：韩景萍
图片提供：搜图网 www.sophoto.com.cn

出版 / 中国林业出版社（北京市西城区刘海胡同 7 号）
电话 / 010-83143666
印刷 / 北京雅昌艺术印刷有限公司
开本 / 787mm × 1092mm 1/16
印张 / 17.5
版次 / 2015 年 5 月第 1 版
印次 / 2015 年 5 月第 1 次
字数 / 210 千字
定价 / 68.00 元